会社の税金を極限まで安くする方法

ほんの"ちょっと"の知識と手間で劇的に変わる

元国税調査官
大村大次郎

日本実業出版社

まえがき ～ちょっとした努力で税金は減らせる

筆者は元国税調査官です。国税調査官というのは、あちこちの会社を回って、税金が正しく申告されているかチェックするのが仕事です。

国税調査官の仕事をするうえで、非常に不思議に思っていたことがあります。それは「ほんのちょっとの努力」をしないために、無駄な税金を払ったり、無理な節税（つまり脱税）をする会社が非常に多いということです。

経営者はみな、日ごろから会社の利益を出すために四苦八苦していると思われます。経営者に限らず、役員も社員もみな、会社の利益を出すために、毎日、頑張っているはずです。

しかし、会社というのは、ただ利益を出せばいいというものではありません。なぜなら、せっかく利益を出しても、その4割が税金に取られてしまうからです。

これは、経営者にとっては非常に痛いことです。

企業活動の中で、利益を倍に増やすということは、並大抵のことではありません。利益を10％増やすだけでも、今の経済事情の中では、けっこう大変なことでしょう。

しかし、もし税金を払わずにすむならば、利益を二倍近くに増やすのと同じ効果があるのです。節税をするのとしないのとでは、企業経営はまったく違うのです。

税金をまったく払わないというのも、世間体などでなかなかできるものではありません し、銀行や取引先などの印象もよくありません。かといって、払い過ぎるのもバカバカしいものです。だから会社経営にとって一番いいのは、「思った通りの利益を出すこと」でしょう。税金は「自分がこれくらいならば払っていい額」を払うのが、一番いいはずです。

しかし、経営者のみなさんは、いろいろ忙しいものですから、税金にことに時間をかけて勉強したりすることはなかなかできないことでしょう。

多くの経営者は、決算が終わってから、税金の多さに愕然《がくぜん》としてしまうものなのです。

そして、なかには無理な節税に走る経営者もいます。

税金というのは、ほんのちょっとした努力で劇的に減らすことができます。

でも経営者の多くは、この「ほんのちょっとした努力」をしていない場合が多いのです。

そして、決算を組んでから無理な経理処理をし、税務署からがっぽり追徴税を取られるというようなことになるのです。

そこで即効性があり、実際に役立つ節税方法を紹介しよう、というのが本書の趣旨です。

2013年3月

大村 大次郎

会社の税金を極限まで安くする方法◎目次

第2章　手っとり早く節税する方法

第3章　人件費は節税の玉手箱！

第4章 〝公私混同〟で税金を安くする！

第5章　福利厚生費を使い倒せ!

第6章　これが最新の節税アイテムだ!

第7章　消費税だって安くできる

カバーデザイン／川島進（スタジオ・ギブ）　本文DTP／一企画
※本書の内容は、2014年4月現在の法令等に基づいています。

第1章

税金はなるべく払わないほうがいい

¥ 中小企業の命題は身内にお金を残すこと

中小企業にとっては、なるべく多くのお金を経営者の身内に残すことが、1つの命題でもあります。

こんなことを言うと「中小企業は、身内に蓄財するためだけの存在ではない！」などとお叱りを受けそうですが、現実問題として、中小企業はなるべく多くのお金を経営者が握っておくべきということがいえます。

というのも、**中小企業の場合、銀行などは簡単にお金を貸してくれません。**貸してくれていたとしても、ちょっと景気が悪くなったり、業績がよくないときなどには、たちまち〝貸しはがし〟の目にあったりします。

結局、中小企業というのは、いざというときには経営者自身が私財を切り崩さなければならないことが多いのです。

本来、株式会社というのは、いくら負債を抱えても、株主は出資金以上の負担は求められないはずです。しかし日本の場合は、株主や経営者が法律以上の負担を求められることも多いものです。

また経営者としても、会社が存続するためには、私財を社員の給料の支払いに使ったり、取引先への返済に回したりするしかない場合も多々あるでしょう。

それを考えれば、**中小企業の経営者にとって、ある程度の蓄財をしておくことは、〝責任〟ともいえます。**

もちろん、自分自身の蓄財のためだけに心血を注ぎ、社員や取引先には迷惑をかけっぱなしの経営者もいます。そういう経営者に、節税の裏ワザなどを教えるのは、悪人に武器を与えるようなものともいえます。しかし、そういう企業は、いずれ淘汰されるものなので、あまり問題視しなくてもいいのです。

そして、経営者が蓄財する際、大きなポイントとなるのが、税金なのです。

せっかく、頑張って会社に利益をもたらしても、税金でがっぽり取られてしまっては元も子もありません。かといって、脱税などをしようものなら、社会的信用など築き上げてきたものすべてを失いかねません。

だからこそ、効果的な節税策を経営者は知っておくべきなのです。

ある寿司店の脱税

「節税がエスカレートしたものが脱税」

などという言葉を時々、聞きます。

しかし、税務の現場にいた身から言わせてもらえば、**節税と脱税はまったく異質なものです。**税金を安くしたいという意味では、節税する人も脱税する人も同じだといえます。しかし、**節税は合法であり、脱税は非合法です。**

そして節税というのは、税法の知識がないとできません。しかし、脱税は税法の知識がなくてもできます。つまり、**節税と脱税の一番の違いは、税法のスキルがあるかどうかということなのです。**

賢い経営者というのは、脱税はしません。先ほども述べましたように、税金というのは、ちょっとした知識とテクニックがあれば、けっこう安くなるものです。だから賢い経営者は、節税はするけれど、脱税はしないのです。

しかし、賢くない経営者は節税ではなく、脱税をしてしまいます。ほんのちょっとの知識があれば、脱税しないですむのに、その手間を惜しむばかりに脱税になってしまうのです。

そのわかりやすい例を紹介したいと思います。

筆者が、とある寿司店に税務調査に行ったときのことです。

この寿司店は、そう美味しいという評判はありませんが、競合店があまりないこともあって、そこそこ客は入っており、普通に儲かっていました。

経営者のAは、話しぶりなどから、とてもまじめな性格のようでした。Aは、売上を抜くなどの露骨な脱税はしていませんでしたが、棚卸在庫を書き換えていることが発覚し、重加算税《じゅうかさんぜい》をくらってしまいました。

「棚卸在庫の数量がおかしい」ということで追徴税を課せられることは時々あります。しかし、重加算税まで課せられることはめったにありません。

この寿司店が、重加算税を課せられたのは、棚卸在庫の帳簿を「書き換えた」からです。**記録を改ざんすると、それがどんな軽微なものであれ、法律的には重い処分を受けるのです。**

節税と脱税は紙一重ではない

これは経理初心者にはわかりにくいことなので、少し説明しましょう。

企業の利益というのは、次のような公式で算出されます。

売上－経費＋在庫＝利益

この式を見ればわかると思いますが、在庫数量を増減すれば、利益を恣意的《しいてき》に（その場の思いつきで）増減させることができるのです。

在庫数量を増やせば、利益が大きくなりますし、減らせば小さくなります。

そのため、棚卸在庫を書き換えるというのは、脱税でよくある手口なのです。

先ほどの寿司店の経営者Aもその脱税をしていました。

棚卸の原帳簿には、160万円と記載されていたのに、決算書には110万円と記載していたのです。原帳簿から決算書をつくる際に、書き換えて棚卸額を50万円ごまかしたわけです。

これが税務署にバレて、重加算税を課せられたのです。

重加算税というのは、故意に税金を少なく申告した場合に課せられる罰金的な税金です。この重加算税が多額になれば、犯罪としての脱税で起訴されるのです。

経営者Aにちょっとした税法の知識があれば、この脱税はしなくてもすみました。というのも、この店の在庫数量を減らすことは、合法的に可能だったのです。

寿司店の棚卸というと、まだ使っていないネタ、米、ビール、酒などです。このうち、まだ使っていないネタなどは、売れ残っているものでもあります。

寿司のネタなどは、日にちがたてばすぐに劣化してしまうものであり、価値が下がるものです。

だから、**棚卸在庫を時価で計算し、評価損を計上していれば、50万円くらいは棚卸額を下げることができたのです。それをせずに、棚卸表から決算書に書き写すときに無理やり50万円を差し引いたものですから、「脱税」とされてしまったのです。**

ちょっとした知識で税金は全然違ってくる

前項では、ちょっとした知識がないばかりに「脱税」をしてしまい、税務署から追徴税を課された経営者の話をしましたが、これとまったく逆のケースもあります。

筆者が、特殊工作機械を製造しているB社に税務調査に行ったときのことです。

B社では、棚卸資産の帳簿のうえでは、2000万円の棚卸額があったのですが、棚卸評価損を500万円計上し、決算書の棚卸額は1500万円となっていました。棚卸評価損というのは、在庫品の相場価値が下がっているので、帳簿上の棚卸（在庫）額を引き下げるというものです。

季節的な商品や、新商品が出回って市場価値が著しく落ちた場合など、一定の条件を満たしていれば、適用できます。

B社の場合は、新しい機械が出回ったために、型落ちとなってしまった在庫の評価を下げたのです。

「型落ちとなって評価額が下がった」

として、**正規の手続きを踏んで、棚卸資産の評価損を計上すれば、それが事実である限り税務署としては認めざるを得ません。**

500万円の評価損を計上したということは、税額にしておよそ200万円程度の節税になります。**棚卸資産評価損というのは、別に経費を使うわけではなく、帳簿上の操作だけでできる節税方法です。**

つまり、B社は帳簿上の操作だけで、200万円もの合法的な節税をしたのです。

B社と寿司店Aは、棚卸在庫の額を下げたという点では、まったく同じなのですが、一方は正規の手続きをとったために節税として認められ、一方はそれをしなかったために、脱税とされてしまったのです。

たったそれだけの差で、結果は天と地ほどの違いが出てくるのです。

「税金はちょっとした知識があるのとないのとでは、まったく違う」

というのは、こういうことなのです。

税金は決算期が終わってからは減らせない

節税を考える際に、まず頭に入れておいてほしいことがあります。

それは「税金は決算期が終わってからは減らせない」ということです。

会社の税金を減らすためには、決算書上の利益を減らさなければなりません。しかし、決算期が終われば、企業の利益は確定してしまいます。**利益が確定したあとでは、税金を減らすことは非常に難しいのです。**貸倒引当金（64ページを参照）など、決算期後の節税策もないことはないのですが、非常に限られています。

だから、**少なくとも決算期が終わる前に、節税策を施さなくてはなりません。**

「そんなこと当たり前じゃないか」

と思っている経営者も多いかもしれません。しかし、現実にはその当たり前のことがなかなかできないのです。

税務署が税務調査で指摘する課税漏れのほとんどは、決算期が過ぎて税金の高さにびっくりし、あわてて無理な経理操作をしたことが原因なのです。

節税の第一は予防です。

予防するためにも、節税は早く取りかかることが一番重要です。節税するには、けっこう時間がかかるものです。また時間をかけずに行った節税策よりも、あらかじめ準備して、しっかり時間をかけてなされた節税のほうが、確実で効果も高いのです。

たとえば、あらかじめ身内を非常勤役員にしておけば、いざというときは大きな額の節税ができます。くわしくはのちほど述べますが、税金が多くなりそうなときには、非常勤役員に辞めてもらえば退職金で大幅に税金を減らせます。しかし「仕込み」をあらかじめしていなければ、この節税方法は使えないわけです。

短い時間でできる節税策もありますが、その種類は限られていますし、節税できる金額も少なめになってしまいます。

くれぐれも、節税は早いうちに。思い立ったら、すぐに取りかかるようにしてください。

¥ 節税の第一歩は現在の利益額を確認すること

効果的な節税をするための予防における第一歩は、「今、自社がどのくらい儲かっているのか」ということを経営者がきちんとは把握しておくことです。

先ほども説明したように、税務署が指摘する課税漏れのほとんどは、経営者が期末後に税金の多さにびっくりして、無理な経理処理をすることが原因です。これはつまり、経営者が「自社にいくら利益が出ているのか」ということを把握していないから起きることなのです。

ただし、経営者というのは、利益が出ているか出ていないかというのは、だいたいわかっているものです。そして、利益が出ていないときは非常に心配して、明確な数字をつかもうとしますが、利益が出ているときには安心して大雑把な数字しか頭に入れていないことが多いのです。ところが、利益が出ればそこには税金がかかってきます。だから、利益が出ているときこそ安心してはならないのです。

筆者としては、少なくとも半期に一度は仮の決算を組んでみて、「自社が今、いくらの利益が出ているのか」を、確認するべきだと思います。利益の多寡《たか》によって、施《ほどこ》すべき節税策はまったく違ってきますからね。

本当は、**四半期に一度は仮の決算を組んだほうがいいです。**筆者がお会いした節税の非常に巧みな経営者は、毎月、仮の決算を組んでいました。毎月、自社の利益の額を把握しているので、ムダな利益を出さないように、コントロールできるのです。

また仮の決算を組むだけで、実は自然と節税になるのです。

利益が思ったよりも多く出ていれば、経営者は自然に「いまのうちに会社に必要なものを買っておこう」「少しは従業員に還元しよう」「接待交際を増やしてみよう」というような気持ちになるものです。逆に、思ったよりも利益が少なければ、経営者は自然と経費を引き締める方向に向かうのです。

だから、**会社の収支を把握するということは、経営戦略上、非常に重要なことなのです。**ひょっとしたら、一番大事なことかもしれません。**簡単なものでいいので、ぜひ半期に一度は仮の決算を組んでください。**

¥ 節税とは〝経費計上〟である

会社の税金を安くする方法は、実は2つしかありません。売上を減らすか、経費を増やすか、なのです。

会社の税金（法人税、法人事業税等）は、利益にかかってくるものです。だから、税金を減らそうと思えば、利益を減らすしかないのです。

そして利益を減らすには、売上を減らすか、経費を増やすしかないのです。

しかし、**この2つの方法のうち、売上を減らす方法は、あまり使えません。**

というのも、売上というのは、相手（顧客）があってのことなので、恣意的に増減することはなかなか難しいものです。売上を増やしたいと思っても、顧客が買ってくれないことには、増やせるものではありません。

また、**売上というのは、下手にいじると大変なことになります。**無理やり売上を減らすことはできますが、いったん減らすと顧客が離れてしまい、今度は売上を伸ばそうと思っ

■税金を安くする方法
（法人税）

売上を減らす ← しかし、本業に悪影響がでる

経費を増やす ← これがもっとも現実的な節税方法

たときに、伸びてくれなくなるおそれがあります。そうなると、税金を安くするどころか、会社の存続自体が危ぶまれてしまいます。だから、売上は故意に減らそうなどと考えないほうがいいのです。

そうなれば、残りは経費を増やす方法だけです。

経費というのは、会社の意思によって簡単に増減できます。経費を増やしたところで、顧客が離れる心配はありません。

だから、恣意的に税金を安くしようとする場合には、経費を増やすしかない、ということになります。

経費をいかに上手に増減するかが、節税の最大のポイントだといえます。

¥ 経費をいかに上手に積み増すか

前項では、「経費を上手に増減することが節税の要《かなめ》」と述べましたが、経費とは闇雲に増やせばいいものではありません。

経費を増やせば、税金は減ります。

しかし、まったくムダな経費をどんどん増やしても、税金は減るけれども、会社の財政状態は節税分よりもはるかに大きく悪化していきます。これは、本末転倒だといえます。

節税となる経費というのは、次の2つだといえます。

①会社にとって役に立つ支出

②会社に資産が蓄積される支出

①は文章の意味そのままですね。会社にとって何か役に立つ支出をすれば、ムダな経費

ではなくなるということです。当たり前といえば当たり前ですが、これがなかなかできないのです。たとえば交際費にしても、むやみやたらに接待するだけでは、ただ単に金が出ていくだけです。会社にとって効果のある交際費を使うこと、それが、節税する場合には求められるということです。

②は、いったんは経費として支出されるけれども、実は会社に蓄積されているもの、ということです。たとえば、中古ベンツを買うことが挙げられます。中古ベンツはそれなりに値が張りますし、新車と違い、耐用年数が短いので、会社は大きな経費を計上することができます。そして、ベンツというあまり目減りしない資産を保持することができますからね。役員報酬なども、間接的に「会社に資産が蓄積される支出」だといえます。経営者に多額の役員報酬を払い、経営者がそのお金を貯めたり、資産を形成したりすれば、いざというとき、会社の「隠れ資産」になりますからね。

だから、「経費を増やす」ときには、必ずこの２つの条件を考えてください。このどちらかにも当てはまっていなければ、それは無駄な経費ということになります。

また、**この2つのうちでは、②のほうが節税策として優れているといえます。**やはり、「資産として蓄積される」ということは中小企業にとっては非常に大事なことだと思われます。なので、まずは②を優先的に、節税を考えましょう。

¥ 税理士を信じ込んではダメ！

本書の読者には、こう思う人もいるでしょう。

「うちの税理士はそんなことを言ってなかった」と。だから、本書に書いてある節税方法は使えないんじゃないか、と思う人もいるかもしれません。

しかし、税理士は万能ではありません。また税理士も、個人によって資質が大きく異なります。だから、税理士が教えてくれる節税方法がすべてというわけでは絶対にないのです。

税法などは毎年コロコロ変わるし、新しい税解釈もどんどん増えるのです。それを1人の税理士が全部網羅するというのは、無理な話でもあります。

本書を読んで、あなたにも使えそうな節税方法が見つかれば、それを顧問の税理士に聞いてみてください。税理士に「こういう節税方法を使いたい」ということを言ってみるのは絶対に悪いことではありません。普通の税理士であれば、その節税方法を調べてくれて、指導してくれると思います（石頭の税理士は「そんな方法はできない」といって、受け付けないかもしれませんが）。

筆者は『あらゆる領収書は経費で落とせる』（中公新書）など、税理士に不評の本も書いてきました。それらの内容に関しては、税理士のなかには眉《まゆ》をしかめる人も多かったようです。法律ギリギリの節税方法は、税理士にとってはなるべく触れたくないものなので、それは仕方がありません。

しかし、今回の本は、法律ギリギリのネタなどはなく、安心して使える節税方法ばかりを紹介しています。だから、今回の本で紹介した節税方法は、税理士もだいたい受け付けてくれるはずです。逆にいえば、**この節税方法を受け付けてくれない税理士は、不誠実で不勉強な人だともいえます。**

昨今、セカンド・オピニオンという言葉がけっこう使われます。病気をしたときに、１人の医者の見立てだけではなく、ほかの医者の意見も聞いてみる、ということです。

これは税務に関しても、必要なことだと思われます。本書は、税理士のセカンド・オピニオンとしても参考にしてほしいと思っています。

コラム

脱税は実は非常に範囲の狭い犯罪

よく、「節税の延長は脱税」などといわれますが、税の専門家から言わせてもらえば、これはまったくのウソです。

節税も脱税も、「税金を安くしたい」という気持ちから実行される行為です。でも、その構造はまったく違うのです。

脱税というのは、実際にはどういうものを指すのかというと、税法違反で裁判所から有罪判決が出たもののことです。そして、裁判所から有罪判決が出るのは、「不正な方法で多額の税金（だいたい1億円）を逃れたもの」とされています。

1億円というのは、だいたいの目安に過ぎず、手口が悪質な事件ではこれより少ない金額でも脱税となる場合もありますし、逆に、これよりはるかに多額の課税逃れでも、脱税とはならない場合もあります。

そして、どういうことをすれば「不正」や「悪質」とみなされるかといえば、具体的には「仮装隠蔽《かそういんぺい》」とされています。「仮装隠蔽」というのは、本当はないものをあるように見せかけたり、本当はないものをあるように見せかけたりすることです。たとえば、売上を隠したり、経費を水増しねつ造したりすることです。

つまり、**脱税というのは、「税金を逃れるために不正な工作をした犯罪」なのです。逆にいえば、不正な工作をしていなければ、課税漏れがあったとしても、それは脱税にはならないのです。**いわゆる「うっかりミス」の場合は、どんなに巨額であろうと脱税にはならない、ということです。「うっかりミス」の場合も、もちろん追徴税は課せられますし、過少申告加算税も払わなければなりませんが、罰金的な税金である「重加算税」も原則として課せられません。

また、税法の解釈誤りなども脱税にはなりません。たとえば、経営者が風俗街で豪遊し、それを研修費などの名目で損金計上していた場合が挙げられます。これは、明らかに税法の解釈誤りではありますが、不正ではありません。何も隠していないし、ねつ造もしていないし、不正な工作はしていないからです。

このように、脱税というのは「言い逃れの出来ない不正な工作を行った場合」に適用されるものであり、その範囲はきわめて狭いということです。

実際、脱税事件として起訴されるのは、年間多くても２００件程度なのです。

第1章のまとめ

- ✓中小企業にとって、なるべく多くのお金を経営者の身内に残すことが大切
- ✓節税と脱税はまったく異質なもの
- ✓節税と脱税との一番の違いは、税法スキルの有無
- ✓税務署が指摘する課税漏れのほとんどは、決算後にあわてて無理な経理操作をしたのが原因
- ✓節税の第一歩は、現在の利益を確認すること
- ✓経費を上手に増減することが節税の要
- ✓税理士の言うことはすべて正しいわけではない

第2章

手っとり早く節税する方法

緊急避難的な節税策とは？

節税策には、「緊急避難型《きんきゅうひなんがた》」と「恒久型《こうきゅうがた》」の2種類があります。

緊急避難型は、「今期の利益を翌期以降の利益に振り替えるなどをして、とりあえず当座の税金を少なくする」ものです。

たとえば、経営セーフティ共済などがこれにあたります。

211ページでくわしく説明しますが、経営セーフティ共済という共済制度に加入すれば、最大240万円の利益を一挙に削ることができます。しかし、この経営セーフティ共済の掛け金は、そのうち自社に返金されるので、のちのちには240万円の利益が加算されることになるのです。つまり、緊急避難型の節税というのは、当座の税金を減らすことはできるけれども、あとでその分の負担を背負うことになります。本質的な節税策ではなく、今期の会社の利益を先送りしただけなのです。

一方、恒久型の節税策は、本質的な節税であり、あとで負担になるものではありません。

たとえば、家族従業員への給料の分散などが挙げられます。

会社の利益を、給料として家族従業員に分散して支給すれば、会社の節税にもなり、経営者の個人所得税の節税にもなります（84ページでくわしく説明）。

そして、これは完結した節税策なので、経営セーフティ共済のように数年後に会社の利益が膨れるようなこともありません。ただし、恒久型の節税方法は、それなりの準備が必要となりますし、長期的な視野に基づいて考える必要があります。

もちろん、節税策としては「恒久型」のほうが優れているといえます。

しかし、緊急避難型の節税も、使い勝手はあります。というのも、思ったより利益が出てしまったときに、とりあえず緊急避難的な節税をしておいて、翌期以降に恒久型の節税をすればいいからです。

忙しい経営者のみなさんにとっては、むしろ緊急避難型の節税のほうが、需要は高いかもしれません。

本書では、まずは緊急避難型の節税方法を紹介し、そのあと、恒久的な節税策を説明していきたいと思っています。

¥ 期末ギリギリの合法的利益調整法

企業の税務調査で、もっとも指摘事項が多いものはなんだと思います？
それは「売上繰延《うりあげくりの》べ」です。

「売上繰延べ」というのは、本当は今期の売上なのに、来期の売上として計上するということです。これは、経営者が期末になって税金の多さにあわてて、「手の施《ほどこ》しようがなくなった。でもなんとか税金を安くしたい」という気持ちが表れたものだといえます。

経営者なら、誰でもこの気持ちを理解できると思います。

「せっかく頑張って今期は黒字にしたのに、気づいてみたら多額の税金を払わなければならなくなっていた。なけなしの利益を税金で取られてしまうのはたまったものではない…。そして、とりあえず売上の一部を来期に繰り延べておいて、来期にはゆっくり節税策を講じよう」というわけです。

「売上繰延べ」というのは、売上を隠すわけではなく、翌年に繰り越すだけです。そのため、経営者としては、それほど罪の意識はないのかもしれません。

しかし、**今期に計上しなくてはならない売上を翌期に繰り延べるというのは、経理上の明らかな誤りです。税務署に見つかれば、当然、過少申告加算税を払わなければならなくなります。**

しかも、これがもし書類の偽造などによって行われていたら、「不正」と見なされて、重加算税を課せられる場合もあります。

経営者にしてみれば、「請求書や納品書の日付をちょっと書き換えただけ、金額を書き換えたわけではないからいいじゃないか」という軽い気持ちであっても、帳票類を偽造したことには変わりないのです。

税務署からこっぴどく叱られるうえに、**35%増しの重加算税が課せられます**（期限後申告、無申告の場合は40%）。そうならないように、期末の利益を合法的に減らせる方法を、本章で紹介していきたいと思います。

もっとも手っとり早く、かなりの節税効果のある方法ばかりです。忙しい経営者のみなさんにとっては、一番知りたい情報だと思います。

¥ 家賃や保険料を1年分前払いしよう

期末の手っとり早い節税方法に、営業費を前払いする方法があります。

これは、営業費のうちのいくつかを1年分前払いし、それを今期の損金に計上するというものです。

経費勘定のなかには、1年分前払いすれば、それが経費と認められる科目がいくつかあります。家賃、火災保険料、信用保証料などです。これらの経費を1年分前払いすれば、当期の経費が増えて、税金を安くすることができるのです。

たとえば、家賃15万円の事務所を借りている会社があったとします。この会社が、期末に家賃などを1年分前払いすると、180万円がその期の経費に計上できるのです。

家賃、火災保険料、信用保証料などというものは、年間にするとけっこう大きな額になります。またこれらの費用は、いずれ必ず払わなくてはならないものです。ムダなものを買うわけではないので、前払いをしても損はしないのです。**期末ギリギリになって税金を**

減らしたいときには、かなり有効な節税策といえるでしょう。

ただし、いくつか要件があります。まずは年払いの契約になっていることです。本来は月払いの契約になっていて、特例的に年払いにしてもダメだということです。

またこの方法では、**1年分以上の前払いは経費としては認められません。**もし、1年分以上の前払いをしていれば、単に1か月分のみの経費としかできないので、要注意です。たとえば、14か月分の前払いをした場合は、12か月分だけ損金として計上できるのではなく、前払いした分全部が損金計上不可になるのです（期末当月分の家賃のみ損金計上）。

また、**決算期後にこの操作をしても、前払いとは認められないので、くれぐれも決算期前に行ってください。**

そして、**一度この会計処理をすれば、毎年同じ会計処理を行わなくてはなりません。**つまり、家賃を1年分期末に前払いすれば、翌事業年度も期末に1年分前払いしなければならないのです。翌年は節税でなく、単に1年分の家賃が経費に計上されるだけです。だから、期末の緊急的節税策としては一度しか使えません。

「儲かった年だけ前払いし、儲からなかった年は前払いしない」ということは認められないのです。

10万円未満の固定資産を買いまくれ！

決算期ギリギリの節税策として、もっとも手っとり早いのは、10万円未満の固定資産を買いまくることです。

これはいろいろな節税本にも載っていますので、知っている人も多いでしょう。

普通、固定資産（1年以上に渡って使用できるもの）は、購入したときに全部経費にできるわけではなく、耐用年数に応じて減価償却をしなければなりません。しかし、10万円未満のものであれば、買ったその年の経費にできるわけです。

ただ「ものを買うだけ」という節税策なので、誰でもすぐにできます。

だから、期末に思った以上に利益が出ていれば、まずは10万円未満の固定資産で何か買えるものはないかと考えてみてください。

「そう簡単には思い浮かばない」

という人もいることでしょう。

しかし、ちょっと考えれば、けっこういろいろあるものでしょう？

たとえば、会社の車にまだカーナビがついていなかったら、つけてしまってはどうですか？

会社に冷蔵庫がなければ、この際、買っておいたらどうです？　コーヒーセットとかもあったら便利ですし、会社のトイレがウォシュレットじゃないなら、ウォシュレットにしておきましょうか？　電子レンジもあるといいでしょう。またソファセットやテーブルなどは、買いたいと思っていてもなかなか買えませんよね？

そういうものをこの機会に買っておくのです。

ただ、**固定資産を購入するときに気をつけなくてはならないのが、セットで使用する物は1点ごとの品物は10万円を切っていても、セットで10万円を超えてはダメということです。**

だから、ソファセットなどのようにセットで使用されるものは、1個ずつの値段は10万円未満でも、セットで10万円を超えると、固定資産として計上しなくてはなりません。ほかにも、パソコンとプリンターのセットなども同様です。

中小企業は30万円未満の固定資産を買いまくれ！

前項では、10万円未満の固定資産を買いまくれば節税になるということを紹介しましたが、**一定の要件を満たす中小企業は、10万円ではなく30万円未満の固定資産まで購入することが可能です。**

30万円となると、けっこうなものが買えるはずです。それだけ節税の選択肢が広がるということです。パソコンなんて、30万円出せば、相当いいものを買えますし、ソファセットなどもけっこう高級なものが買えます。家電関係はだいたい何でも買うことができるでしょう。場合によってはバイクなんかを買ってもいいかもしれません（会社の業務で使う場合）。また中古の軽自動車くらいなら30万円で買えるのです。

この特例の対象となる中小企業の「一定の要件」というのは、次のとおりです。

・資本金の額又は出資金の額が1億円以下の会社（ただし大企業の子会社は不可）

・資本又は出資を有しない会社の場合は、常時使用する従業員の数1000人以下の会社
・青色申告をしていること

会社の場合、ほとんどが青色申告をしているでしょうし、この要件であれば普通の中小企業はほとんど該当するでしょう。

ただし、この特例の適用となる固定資産の合計額が300万円を超えたときは、300万円に達するまでの資産が対象となります。まあ、中小企業が300万円も経費が削減できれば、相当なものでしょう。もし、300万円満額の固定資産を購入したとなれば、だいたい100万円程度の節税になりますからね。

この特例は時限的なもので、本書を執筆している平成25年3月1日現在では、平成26年3月31日までとなっています。しかし、この特例は今まで何度か期限が来ましたが、ずっと延長されてきているので、今後も延長される可能性はあります。企業が固定資産をたくさん購入するということは、景気回復にもつながりますし、現行の税法（10万円以上の固定資産は減価償却しなければならない）はあまりにも厳しすぎますからね。しかし、平成26年3月いっぱいで廃止されてしまうかもしれないので、いまのうちにしっかり活用したいものです。

¥ 消耗品を購入する

前項では30万円未満の固定資産を購入しまくる節税方法を紹介しましたが、これに似た方法で、消耗品をたくさん購入するという方法もあります。

消耗品は原則としてその年に使ったものだけが損金となりますが、事務用消耗品、作業用消耗品、包装材料、広告宣伝用印刷物などは、購入した事業年度に損金とできるようになっているのです。

ただし、消耗品を購入した事業年度に損金にするには、次の要件を満たさなければなりません。

- 毎月、おおむね一定数を購入するものであること
- 毎年、経常的に購入するものであること
- 処理方法を継続して適用していること

つまり、あまりにもたくさん期末に消耗品を購入すれば、不自然な利益調整として、税務署からとがめられることもあります。

しかし、通常より少し多い程度ならば、問題ないでしょう。

なぜなら、**消耗品の多い、少ないという基準はないのですから、よほどの異常値でない限りは、税務署が「消耗品が多すぎる」として否認することはできないのです。**また、消耗品は棚卸数量の把握が義務づけられているわけではありませんので、期末にどれだけの消耗品があったのかを示す書類そのものが残っていない場合も多々あります。

消耗品を中小企業が棚卸資産として計上しているようなケースは、私の知る限りほとんどありません。

「消耗品なんてたかが知れている」と思われる経営者の方もおられるかもしれません。でも消耗品というのは、年間でけっこう使っているものです。たとえば、パソコン関係のサプライをちょっと充実させれば、すぐに数万円、数十万円になるでしょう。ほかにも事務関係、台所関係を見回せば、けっこう消耗品はあるものです。それをうまく補充すれば、けっこう大きい額になるものです。

1年以上返済されない売掛金を損金に計上する

不良債権を処理するという節税方法もあります。これはその名のとおり、儲かっているときに、不良債権を処理するというものです。

「銀行ではないのだから、うちには不良債権などない」と思う人も多いかもしれません。

しかし、不良債権というのは、実は多くの企業で持っているものなのです。簡単にいえば、事実上回収不能になっている債権のことです。

売掛金や貸付金のなかで、もうほとんど回収の見込みのないものがあれば、それを貸倒れ処理して、特別損失を計上するのです。

経営者としては、売掛金や貸付金を貸倒れとして処理するということは、なかなかしにくいことかもしれません。しかし、もう回収の見込みがないのであれば、それを処分してしまって、節税策に使ったほうが有益な場合もあるのです。

回収の見込みのない債権を貸倒れ計上するには、債務者が債務超過に陥《おちい》っていたり、会社更生法の適用を受けている、といった要件が必要です。

しかし、中小企業の場合は、相手先の決算書を取り寄せるのは難しいですし、会社更生法などの適用を受けている会社も少ないものです。

そこで、**法人税法の基本通達では、一定の要件を満たす、事実上、回収不能となった債権については、貸倒れ損失が計上できることになっています。**

一定の要件というのは、「売掛金などの返済が滞《とどこお》って、取引を停止した相手が、1年以上、弁済をしていない場合」です（ただし、担保がある場合は除きます）。この場合、備忘価額を計上し、その残額を貸倒れ処理することになります。

備忘価額というのは、債権を持っているということを忘れないために、帳簿に記しておく金額で、1円でいいことになっています。これは債権放棄ではありません。だから、もし相手の経済事情が好転した場合は、債権を回収することもできるのです。

不良債権を処理することは、企業の健全化にもつながるので、業績がいいときにはぜひ行いたいものです。

¥ 合法的に売上を先延ばしにする

36ページで紹介したように、**税務調査で指摘される課税漏れで一番多いのは、期末の売上繰延べです。**本当は今期の売上に計上しなければならないのに、翌期の売上に計上してしまった、というものです。

これは経営者としては、当然の心理を反映したものともいえます。「たくさん儲かっても税金でがっぽり取られるから、儲かった年は翌年に利益を繰り越したい」ということでしょう。

もちろん、売上の繰延べをすれば、税務署から否認されますし、下手をすれば不正扱いにされて、重加算税を課せられる場合もあります。

しかし、合法的に売上を繰り延べる方法もあるのです。その方法を紹介しましょう。

売上の計上時期というのは、実はグレーゾーンでもあります。売上計上は「何を基準にするか」で変わってくるものだからです。

相手に商品（サービス）を出荷したとき計上する方法、相手に引き渡したときに計上する方法、相手が商品（サービス）の検収を行ったときに計上する方法など、採用する基準によって売上計上時期は微妙に変わってくるのです。

売上計上は、「相手が検収したときとする方法」がもっとも遅いのです。出荷基準であれば、出荷したときに売上に計上しなければなりませんが、検収基準であれば、先方に商品が届き、先方が商品を確認したときに、売上とするからです。

そして、売上計上の基準というのは、その企業の意思に任されています。ということは、**出荷基準から検収基準に変えれば、売上計上の時期が少し伸びます、つまり、合法的に期末の売上の一部を翌期にずらすことができるのです。**

ただ、気をつけなくてはならないのが、計上の基準を変えるには合理的な理由が必要となります。

これは、「取引相手が検収したときが、売上計上としてはもっとも安全」などと理由をつくっておけば問題ないでしょう。けれども、一度、売上計上の基準を変えれば、原則として、ずっとその方法で売上を計上しなければなりません。

そのため、**節税策としては、1回しか使えません。**

¥ 10日分の売上を翌期に繰り越す方法

合法的に売上を繰り延べる方法は、もう1つあります。

普通、売上計上というのは決算期の最後の日で締めるものです。たとえば3月決算の企業だったら、3月31日で締めるものです。ところが、特定の事業者が一定の手順を踏めば3月20日で売上を締めることもできるのです。

というのは、その月の売上の請求書を発行するとき、締切日を月末とはせずに、20日や25日にしている企業も多いものです。この締切日を基準にして、期末の売上を算出するという経理方法が、税法では認められているのです。

たとえば、売上の締め切りを毎月20日にしている3月決算の会社が、3月20日までの売上をその年の売上とし、3月21日から3月31日までの売上は、翌期の分とするのです。そうすれば10日分の売上を今期の売上から取り除くことができます。

締切日を基準にして、その期の売上を算出するには、次の要件を満たす必要があります。

- 商慣習その他相当の理由があること
- 締切日は事業年度終了日以前のおおむね10日以内であること
- 毎期継続してこの経理処理を適用すること

この要件を見れば、**「月末以前の締切日」が慣習とされていないとまずいということです。**

そして20日締め切りの場合まではギリギリ認められることになります。

ただし、**いったんこの経理処理を行えば、原則として毎期継続して行わなければなりません。**売上の多い年度だけこの経理処理をして、少ない年度は普通の処理をするというのは不可ということです。

また、この経理処理を行う場合、売上だけではなく、仕入、経費関係も、締切基準で行わなければなりません。売上だけ、20日で締めて、経費関係は31日で締めるのは、おかしいですからね。

売上の経理処理を締切日にするには、税務署に対して特別な手続きは必要ありません。ただし、税務調査がきたときなどには、上記３つの条件に沿って、売上を締切基準に変更した事情などを説明する必要があるでしょう。

在庫を少なくすれば税金が安くなる

棚卸（在庫）というのは、会社の税金を決定する大きな要因となります。

法人税は、その事業の利益にかかってくるものですが、その利益は次のような数式で算出されます。

売上－経費(仕入など)＋在庫(仕掛品など)

この数式をよく見てください。売上から経費を引くのは、わかりますよね？

経理初心者にとってわかりにくいのが、在庫を足すということです。その年の利益というのは、その年の売上からその年の経費を引いたものになるわけです。しかし、在庫というのは、その年は売れ残ったものであり、その年の経費のなかには入りませんので、利益を出す際には、経費から除外しなければならないのです。

ただ、この在庫というものは、なかなか計算が難しいわけです。

在庫というのは、いろんな商品がごちゃごちゃになっているのです。それに仕入れたときの金額とするのか、決算期の時価とするのかでも、在庫の価額は変わってきます。

つまり、在庫というのは、計算の仕方によってその価額が大きく変わってくるのです。先の数式のように、企業の利益は、「売上－経費（仕入など）＋在庫（仕掛品など）」で算出されますから、在庫を少なく計上すれば利益は小さくなるわけです。つまりは在庫を減らせば税金は安くなるのです。

もちろん、在庫の計算方法は、会計規則や税法によって定められています。が、計算方法はいくつかあり、その選択方法によって、在庫の価額が変わってくるのです。そうなると、**自社に有利な在庫の計算方法を選択することが、節税にもつながるのです。**

ただし、在庫の価額を少なく計上した場合、今期の税金は減りますが、翌期にはその分が加算されることになり、長い目で見れば節税にはなりません。しかし、当座の税金を少なくすることも企業には重要なので、知っていて損はないはずです。

¥ 合法的に在庫額を少なくする

在庫（棚卸資産）の計算方法（評価方法）について説明しましょう。

在庫の評価方法には、原価法と低価法というのがあります。在庫を購入した際の価格をそのまま用いるのが原価法、現在の時価と原価を比較して、低いほうをとるのが低価法です。

どちらの評価額が低くなるかといえば、低価法です。低価法は、原価と時価とを比べて低いほうを選択するので、時価と原価、どちらが高くても、有利なのです。

ですから、在庫の**棚卸評価法は低価法を採用するのがベストだといえます。**

そして、原価を算出する方法も8つあります。

①個別法
②先入先出法

③後入先出法
④総平均法
⑤移動平均法
⑥単純平均法
⑦最終仕入原価法
⑧売価還元法

事業者は、この8種類から、自分（自社）にもっとも有利なものを選択できるのです。
ただ、**評価方法の選択は、事業年度が始まるまでに管轄の税務署長に届け出る必要があります。**

評価方法を税務署長に届け出ていない場合は、最終仕入原価法での原価法で在庫の評価をすることになっています。この最終仕入原価法は、その事業年度の最後に仕入れた価額を元に、在庫の評価を行う方法です。

最終仕入原価法での原価法よりも、低価法を選択したほうが有利なので、ぜひ届け出ておきたいものです。

¥ 棚卸資産の評価損を計上しよう

18ページで紹介した棚卸資産の評価損について、改めてくわしく説明しましょう。

棚卸資産評価損というのは、棚卸資産（在庫商品や在庫原料など）の現実の価値が、帳簿上の価値よりも明らかに下落している場合に、その差額を「損」として計上するというものです。評価損が計上できるおもな要件は次のとおりです。

- いわゆる季節商品が売れ残ったもので、これまでの値段では販売できないことが実績などから明らかなもの。
- 新しい商品が販売されたために、型落ち、流行遅れとなって、これまでの販売ができなくなったもの
- 型崩れ、棚ざらし、破損などで商品価値が劣化したもの

これらの条件には、実はいずれも明確な基準がありません。

国税庁の通達では、「単なる過剰生産、建値《たてね》の変更だけでは評価損は計上できない」、とされていますが、ではどの程度で「単なる過剰生産、建値の変更」を超えるのか、という線引きについては明示していません。

そうなると、こういう場合の経理処理は、納税者側がまず判断し、その判断が明確に間違っているときにのみ、国税側が指導修正することになります。

そのため、納税者側は最初から遠慮する必要はないのです。**過去の実績からみて、季節はずれなどで明らかに今までの値段では販売できないような場合は、積極的にこの棚卸資産評価損の計上を試みるべきだと筆者は思います。**

国税側がこれを修正する場合は、よほど明確な証拠がなければできないものです。ですから、納税者側は、自分で条件に合致していると思えば、どんどんこの方法を使うべきだといえます。

前述した寿司店なども、ネタの価値などは1日2日経てば、まったく変わるのですから、これまでの実績を明示しておけば、棚卸評価損をすぐに計上できたはずなのです。

¥ 固定資産などを修繕する

儲かった年には、固定資産を修繕《しゅうぜん》するというのも手です。

この固定資産の修繕の場合、「修繕費か、資本的支出か」で、税務当局と見解の相違が生じるケースがよくあります。そこで、「修繕費となるか、資本的支出になるか」という点について整理しておきましょう。

修繕費で難しい点は、建物などを修繕した場合、その資産の価値を高めてしまうケースが多いことです。たとえば、壁の修繕をするときに、壁を張り替えたりすれば、損傷部分を回復するだけではなく、建物自体の価値も高まってしまいます。それは、「修繕費で全額計上させるわけにはいかない」ということになります。

修繕することで、原状回復以上にその資産の価値を高めるための費用を**「資本的支出」**といいます。修繕費の場合は、全額が支出した年の費用とすることができますが、資本的支出の場合は、減価償却期間の中で減価償却していかなければなりません。

修繕費と資本的支出の線引きは、次のように行われています。

①1回の支出が20万円未満のものは、修繕費か資本的支出かにかかわらず、すべて修繕費となる

②3年以内の周期で行われるものは、修繕費か資本的支出かにかかわらず、すべて修繕費となる

③修繕費か資本的支出か明確でない場合、（イ）60万円未満ならばすべて修繕費である（ロ）前期末の取得価額のおおむね10％以下の支出はすべて修繕費とする

つまり、**傷みのある固定資産などを修繕した場合、60万円未満までなら、修繕費としてすべてその年の経費とできます。だから、期末に60万円未満の固定資産の修理を行えば、節税対策になるのです。**

また、60万円を超える支出であっても、「原状回復」のみを行ったということが証明できれば、全額が修繕費となります。その場合、「原状がどうだったのか」「修理の内容」などを記録しておかなくてはなりません。

¥ いらない機械を処分しよう

会社が保有している固定資産の中には、もうほとんど使っていないものも多いものです。これを思いきって捨てたり、買い替えれば、節税になります。

去年買ったパソコンなどでも、事情によって、まったく使えなかったり、使っていなかったりすることもあります。その場合、パソコンを処分してしまえば、その残存価額は**固定資産除却損**として計上できるのです。

たとえば、現在、10万円の残存価額のあるパソコンを5台処分すれば、50万円の固定資産除却損を計上することができます。

また、**固定資産の買い換えをした場合は、残存価額と下取り価額の差額が、損金として計上できます。なので、買い換えの場合は下取り額を高くするよりも、その分、新品を安くしてもらったほうが節税になります。**

たとえば、100万円の残存価額のある製造機械を買い替える場合には、これを70万円で下取りしてもらうよりも、新品を50万円値引きしてもらったほうが、値引きした50万円がまるまるプラスになるので節税になるのです。70万円で下取りしてもらえば、損金として計上できる除却損は30万円となりますが、下取り価額が0円の場合は、100万円の損金を計上できます。

古い機械の下取りや新しい機械の値引きというのは、固定した相場がなく、交渉次第という場合が多いので、どうせならば新品値引きの交渉をすべきだといえます。ただ、あまりに下取り価額や値引き価額に不自然な点があれば、税務署に咎《とが》められるおそれはありません。

固定資産の残存価額がたくさんあるものを除却すれば、それだけ節税効果が大きくなります。

「せっかく購入した固定資産なんだし、まだ使えるものを捨てるのは忍びない」などと思っていても、使わないものは不要です。あとで何かの役に立つと思ってとっているものって、ほとんど使うことないでしょう?

どうせ使わないものなら、最後に節税アイテムとして使ったほうがいいのです。そうすれば、「節税分だけの価値はあった」と、最後まで役立つのです。

¥ 廃棄せずに機械を除却する方法

前項では、いらない機械などを処分する節税方法を紹介しましたが、いらない機械を処分したいと思っても、廃棄するのにお金がかかったり手間がかかったりします。だから、二の足を踏んでいる経営者も多いかと思われます。

そういう持て余している機械などの不要固定資産には、「**有姿除却**《ゆうしじょきゃく》」という方法もあります。

「有姿除却」は、まだ廃棄や解体はしておらず、現物は残っているのだけれど、「もう使わないモノ」として固定資産からはずしてしまうことです。

有姿除却により、固定資産残額から処分見込み額を差し引いた金額を、固定資産除却損として計上することができます。

たとえば、100万円の残額がある製造機械（処分見込み額5万円）を有姿除却した場合、「100万円－5万円」で、95万円を固定資産除却損として、利益から差し引くことができるのです。

ただ、**有姿除却を行う場合には「この固定資産はもう使わない（使えない）」ということにしておかなければなりません。**もちろん、いったん有姿除却をした機械は、その後は絶対に使うことはできません（使ったのが税務署にわかったら、有姿除却はもちろん否認されてしまいます）。

どうすれば「この固定資産はもう使わない（使えない）」ことの証明となるかを明示した規則などはないのですが、まあ普通に見て「これは使えないだろう」というような状態でないと有姿除却はできないということです。

会社の稟議書《りんぎしょ》などで「もうこの機械は使用しない」というような記録を残しておくのも手です。また、わざと使用不可能な状態にしてしまう手もあります。「この機械はもう使えない」というような状態にしてしまうのです。機械の中心部に穴を開けるなどするのです。

税務署員もあまり無茶なことは言いませんので、使えない（使っていない）ということが傍目《はため》でもわかれば、文句は言わないはずです。

貸倒引当金を使えば帳簿上だけで税金が安くなる

税法では、貸倒引当金《かしだおれひきあてきん》という経理処理が認められています。

貸倒引当金というのは、貸倒れに備えて、ある程度の金額を費用としてあらかじめ計上しておくものです。貸倒れがあった場合はその貸倒引当金から補填《ほてん》し、貸倒れがなかった場合は、翌期の益金として加算する制度です。

貸倒引当金は、「期末に残っている債権等に、法定繰入率《ほうていくりいれりつ》をかけて算出する方法（一括評価方式）」と「債権の危険度を個別に評価して算出する方法」があります。

中小企業の法定繰入率は次ページ表のようになっています。

貸倒引当金は、その期に損金とした分を、翌期には益金に加算しなければなりません。だから、長い目で見ると、損益はそれほど変わりません。

■法定繰入率

卸売及び小売業	10／1,000
製造業	8／1,000
金融及び保険業	3／1,000
割賦販売小売業及び割賦購入あっせん業	13／1,000
その他	6／1,000

今まで使っていない企業が、初めて貸倒引当金を使ったときにもっとも節税効果が高くなります。だから、今まで貸倒引当金を使っていなかった企業は、ぜひ利用したいものです。

貸倒引当金は、机上の計算だけでかなり大きな金額を経費として計上できるうえに、実際にはお金は動かない（出て行かない）という、魔法のような節税策となります。

貸倒引当金は、決算が終わったあとでも設定することができるので、決算後、予想以上に税金が出たことに気づいたような場合、有効に使いたいものです。

この貸倒引当金は、資本金1億円超の大企業では平成24年以降4年間で段階的に廃止されることが決まっています。つまり、**貸倒引当金とは、中小企業の特権でもあるのです。**

貸倒引当金の使い方

貸倒引当金の対象となる債権は、次のとおりです。

①売掛金、貸付金
②未収の譲渡代金、未収加工料、未収請負金、未収手数料、未収保管料、未収地代家賃等又は未収利子で益金の額に算入されたもの
③立替金
④未収の損害賠償金で益金の額に算入されたもの
⑤保証債務を履行した場合の求償権
⑥売掛金、貸付金などについて取得した受取手形
⑦売掛金、貸付金などについて取得した先日付小切手
⑧延払基準を適用している場合の割賦未収金等

一括評価方式では、これらの総額に法定繰入率をかけたものが貸倒引当金になります。たとえば、期末に債権が2000万円ある小売業の会社では、貸倒引当金は20万円になります。この20万円を、事業の経費（損金）として算入できるのです。

つまり、実際にはお金はまったく出ていないのに、20万円分利益を減らすことができるのです。

この20万円は、翌年、貸倒れがあれば、その補填にあてられることになります。貸倒れがなければ、翌年の利益に加算され、翌年の債権残高に応じて、あらためて貸倒引当金が設定されます。

貸倒引当金というと、何か難解な会計用語のようで、会計に疎《うと》い人は、この言葉を聞いただけで敬遠してしまうかもしれません。でも貸倒引当金の使い方はいたって簡単です。債権に、パーセンテージをかけるだけですから。

なんといっても、帳簿の上だけでできる節税策であり、お金がまったく出ていかない節税策なのですから、ぜひとも使いこなしてほしいものです。

¥ 新聞、業界紙に宣伝広告を出す！

期末に思っている以上に利益が出た場合の節税策として、新聞、業界紙などに広告を出すという手もあります。

新聞広告を出すのは、事業によっては非常に有効な営業手法です。たとえば、出版業界などでは新聞広告を出せば、売上が急増することがあります。また、新聞広告でなくても、テレビやラジオのＣＭ、チラシ広告などもいいでしょう。

これらの宣伝広告は、決算期内に放映されたり、配布されたものは、その期の経費に算入することができます。

だから、**期末ギリギリであって、その期のうちに広告を出せば、その期の経費にできるのです。**

せっかく利益が上がったなら、税金に取られるよりも、次の売上につながることにお金を使いたいものです。

「うちの事業は専門分野なので、新聞広告やテレビコマーシャルを出したって何の宣伝効果もない」

という会社もあるでしょう。

その場合は、業界紙に広告を出すという手もあります。日本は業界紙王国でもあります。どんな業界でも何らかの業界紙があるものです。そういう業界紙に広告を載せてもらうという方法もあります。

業界紙に広告を出せば、不特定多数ではなく、取引をしてくれそうな人たちにピンポイントで宣伝することができます。業界紙の広告費は、一般紙に比べればはるかに安くてすむので、プチ節税策としても打ってつけといえるでしょう。

また必ずしも新規開拓につながらなくても、業界内で、その存在を示すことができます。「業界紙に広告を出している」ということで、同業者からも一目置かれたり、なにかのときに話のタネになるかもしれません。

業界紙に広告を出すのは、購読していなくても可能です。どんな業界紙だって、広告は欲しいものです。業界紙のほとんどは広告で成り立っているわけですから。購読していなくても「広告を載せたい」と申し込めば、喜んで載せてくれるはずです。

第2章のまとめ

✔節税には即効性のある「緊急避難型」と、効果が高い「恒久型」の2種類がある

✔「売上繰延べ」を気軽に行う経営者は多いが、明らかな経理上の誤り

✔もっとも手っとり早い節税策は、10万円未満の固定資産を買うこと

✔1年以上返済のない売掛金も損金に計上できる

✔1回しか使えないが、合法的に期末の売上の一部を翌期にずらすことができる

✔翌期がキツくなるが、在庫を減らせば税金も減る

✔思い切って機械を処分してしまうのも手

✔貸倒引当金は、中小企業ならではの特権

✔広告を打てば、節税＋αのメリットを享受できる

第3章

人件費は節税の玉手箱！

※以降、次のように言葉を定義しています。

経営者 ＝ 社長や代表者
社長 ＝ 社員と対比した経営者
役員 ＝ 社長も含めた役員全体
給料 ＝ 社員の給料
報酬 ＝ 経営者、役員の給料

¥ 人件費を制するものは税金を制す

25ページで筆者は、「節税をするには、経費を上手に使うこと」だと述べました。

普通の企業では、経費（仕入れ、材料費などを除く）のうち、一番大きなものは人件費だと思われます。だから、人件費をいかにうまく調節するかが、節税の要《かなめ》だともいえます。

つまり、

「人件費を制するものは税金を制す」

ということです。

人件費をうまく設定すれば、経営者が実収入を増やしつつ、会社の税金を減らすということができます。役員報酬を高めに設定し、なおかつ、経営者自身が節税をしておけば、経営者の取り分を非常に多くすることができます。

また、儲かっていないときには利益を増やし、儲かったときには利益を減らす「利益の調整弁」としても使えます。人件費を使えば、会社の利益を一挙に数千万円削ることも可能です。**やり方によっては、会社がどれだけ利益が出たとしても、それを全部、人件費で落としてしまうということも可能なのです。**

人件費は究極の節税アイテムといえるのです。

ただそれは、税務当局も重々承知しています。だから、人件費に関して税務当局は非常に厳しい目を注ぎます。

人件費というのは、もちろん役員の報酬や、従業員の給料のことです。この人件費の払い方には、さまざまな規則があります。とくに役員報酬の払い方には、細かいルールがあります。そのルールを把握したうえで、上手に設定しなければならないのです。

しかし、ルールさえしっかり確認しておけば、人件費はそうおそれることもありません。また人件費は、あまり世間に知られていない裏技のようなものもたくさんあります。それを知れば、あなたの会社の節税戦略は大いに広がることと思われます。

本章では、「いかにうまく人件費を計上するか」ということについて紹介していきたいと思っております。

¥ 社長の報酬は高めに設定しよう

中小企業の場合、社長の報酬は高めに設定するというのが基本です。そのほうが、税制上など、さまざまな点で有利だからです。しかし、中小企業の経営者のみなさんは、えてして自分たちの報酬を低く抑えがちです。

中小企業の経営者は、会社をはじめたばかりのころは、会社が軌道《きどう》に乗るか不安を感じています。報酬を上げると、会社が苦しくなるように思ってしまいます。だから、自分の報酬は低く抑え、「自分の報酬を上げるのは会社が軌道に乗ってからでいい」と考えるわけです。でも、これは税務上、非常に不利になります。

というのも、**社長報酬は、年度の途中で増額すると、法人税が課せられてしまいます。**会社が軌道に乗って儲かってから自分の報酬を上げようと思っても、次の年度まで上げられません。

そのため、会社が儲かっても、経営者にはそれが反映されず、儲かった分はすべて利益に計上されてしまいます。そして利益の40％近くが税金で持っていかれます。

オーナー社長の場合は、配当金で利益を吸収するという手もありますが、役員報酬で得るよりはだいたい税金が高くなってしまいます。

だから、社長の報酬は、最初から多めにしておくことです。会社の最低限の業績を基準にするのではなく、会社が最大で儲かったときを基準にして、社長報酬の額を決めるのです。

会社の事業が思ったようりうまくいかずに「こんなに高い報酬は払えない」という状態になれば、減額するか未払いにしておけばいいのです。社長報酬が減額されたり、未払いになっても、だれも文句を言う人はいないのです。

社長報酬は、期中で増額はできませんが、減額はできます。

税務上、減額には要件がつけられていますが、経営が厳しい企業が役員報酬を下げるのは当たり前のことなので、税務署もこの点には厳しいことを言えないのです（ただし、減額した場合でも、その期中は一定の額にしておかなくてはなりません）。

役員報酬を多めにしておけば、会社が思った以上に儲かったとき、急に税金で悩まなければならないといったことがなくなるわけです。

¥ 役員報酬は高めであっても、税務署はあまり文句を言えない

前項では、「代表者の報酬は多めにすべし」ということを述べましたが、これまでは中小企業の代表者報酬を多くするには障害がありました。

同族会社の代表者の報酬を1600万円以上にすると、代表者の給与所得控除分の金額が、利益に加算されたのです。簡単にいえば、同族会社の代表者の報酬を1600万円以上にすると、通常よりも税金が高くなったのです。

しかしこの規定は、平成22年4月以降からは廃止されました。そのため、代表者の報酬を安心して高く設定できるのです。

さて、代表者の報酬を高く設定した場合、「高すぎて税務署から文句を言われないか」と心配する人もいるでしょう。

これは、あまり心配はいりません。

なぜならば、**代表者報酬というのは、企業の業績をそのまま反映させるべきものなので**

す。ということは、企業が代表者にそれだけの報酬を払う業績があるならば、払ってもいいわけです。

赤字なのに、多額の報酬を払っている半官企業などどくさるほどありますし、民間企業は何も税金を使って報酬を払っているわけではないので、稼いだ金から代表者にいくら払おうと文句を言われる筋合いはないということです。

「同規模の同業者と比べて、著しく高くない報酬にしなければならない」という税理士もいますが、これもそれほど絶対的なものではありません。同規模の同業者でも、まったく儲かっていない事業者と、とても儲かっている事業者が、同じような報酬になることはあり得ないからです。

一点、気をつけなくてはならないのは、社員との比較です。**社員に比べて、著しく報酬が高い場合は、会社の業績が公平に反映されていないということで、税務署に文句をつけられるおそれがあります。**しかし、これも明確な基準があるわけではありません。

税務署から見れば、ちゃんと利益を出している企業に対して、役員報酬が高すぎるとして否認するのは、かなり難しいということなのです。

代表者にもボーナスが払えるようになった！

平成18年度の税制改正で、代表者や役員にもボーナスが払えるようになりました。といっても、事前に支給時期と支給金額を決めておかなくてはならないので、利益処分という形では使えません。

しかし、使いようによっては、かなりの節税になります。

この制度は、**「事前確定届出給与」**といって、定時株主総会（もしくは事業年度開始から3か月以内の日のどちらか早いほう）までに、税務署に支給時期と支給金額を届けなければなりません。つまり、

「事前に決められた額を払うのであれば、ボーナスの支給を認めましょう」

ということです。

期末の利益処分として使える方法ではありませんが、事業年度が開始して、定時株主総会までの間に「今年は儲かりそうだな」という雰囲気があれば、それに合わせて、ボーナ

スの支給額を決めればいいのです。この場合も、少なめよりは多めにしておくほうがいいでしょう。

また、**もし思ったより業績が悪く、決められた額のボーナスが支払えなくなったような場合は、変更届を出して減額することもできます。変更届を出さずに減額すれば、全額が損金不算入になりますので、注意を要します。**

また、減額の変更届を出す場合には、次のような条件があります。

- 業績が悪化し、株主等に申し訳が立たず、ボーナスを減額せざるを得ない場合
- 銀行などの借り入れに際して、ボーナスの減額をせざるを得ない場合
- 業績の悪化で、取引先などに迷惑をかけるおそれがあり、ボーナスの減額をせざるを得ない場合

総じていえば、「資金繰りが悪化してボーナスが払えないときにまで、払う必要はない」ということです。

だから、期首にはそう心配しないで、ボーナスの支給を決めておけばいいのです。

社長の所得税も安くする方法

74ページでは、「社長の報酬は高めに設定すべし」ということを述べましたが、「社長の報酬を高くすれば、社長の所得税が多くなる」と思った人もいることでしょう。でも、安心してください。**「小規模企業共済」**を使って、社長の税金を安くする方法もあります。

「小規模企業共済」は、211ページでくわしく説明する「経営セーフティ共済（中小企業倒産防止共済制度）」と似たようなものです。

「小規模企業共済」というのは、会社の経営者や、個人事業者が毎月いくらかを積み立てておいて、事業をやめたり、退職したときに、幾分の利子をつけてもらえるという制度です。つまりは、経営者のための退職金積立制度のようなものです。

自営業者を対象としたもので、中小企業の経営者、役員やフリーランサーやSOHO事業者も加入できます。月に1千円から7万円まで掛けることができ、掛け金の全額を所得から控除できます。

つまり、**小規模企業共済に入っていると、経営者や役員の所得税が安くなるというわけです。また共済金を受け取った場合は、税制上、退職金か公的年金と同じ扱いとなり、ここでも優遇されています。**

社長だけではなく、役員もみなこれに加入すれば、それぞれの所得税が安くなります。加入するかどうかは、会社ではなく、役員自身の意思によりますので、自分の所得税を安くしたいと思っている役員は活用してください。

小規模事業共済の難点は、預金と違って自由に引き出すことができないという点です。

原則として、その事業をやめたときか、退職したときにしか受け取ることができません。ただし、事業が思わしくなくなったときや、いざというときには、いったん事業を廃止すれば、もらえます。事業を廃止しなくても解約できますが、その場合は、給付額は若干少なくなります。

この「小規模事業共済」も、「経営セーフティ共済（中小企業倒産防止共済制度）」と同じように、独立行政法人「中小企業基盤整備機構」が運営していて、全国で474万人が加入しています。だから、**つぶれる心配もありません。**

節税効果抜群の“小規模企業共済”とは？

小規模企業共済の詳細は次のとおりです。

加入資格

①建設業、製造業、運輸業、不動産業、農業などを営む場合は、常時使用する従業員の数が20人以下の個人事業主または法人（会社など）の役員

②商業（卸売業・小売業）、サービス業を営む場合は、常時使用する従業員の数が5人以下の個人事業主または法人（会社など）の役員

③事業に従事する組合員の数が20人以下の企業組合の役員や常時使用する従業員の数が20人以下の協業組合の役員

④常時使用する従業員の数が20人以下であって、農業の経営を主として行っている農事組合法人の役員

⑤常時使用する従業員の数が5人以下の弁護士法人、税理士法人などの士業法人の社員
上記①、②に該当する個人事業主が営む事業の経営に携わる共同経営者（個人事業主1人につき2人まで）

掛金

- 毎月の掛け金は、1000円から70000円までの範囲内（500円単位）で自由に選択できる
- 加入後、増・減額ができる（ただし、減額する場合は一定の要件が必要）
- 掛金は、全額が所得税の所得控除の対象となる

一時貸付金の貸付け

- 加入者は掛け金の範囲内で借入れを行うことができる

加入の申込先、問い合わせ先

- 金融機関の本支店、商工会連合会、市町村の商工会、商工会議所、中小企業団体中央会など

¥ 身内にお金を残しておこう

中小企業でもっとも手っとり早く、効果のある節税の仕込み（準備）は、身内を会社内に入れることです。

役員や従業員として、妻子や親兄弟を会社の一員にしておくのです。身内を役員や従業員にすると、通常の節税にもなりますし、利益が急に増えたときの緊急の節税にもなるのです。

日本の所得税は累進課税になっており、所得が大きい人のほうが税率も高くなる仕組みになっています。だから、所得（給料や報酬）は、1人でたくさんもらうよりも、家族で分散したほうが、全体の税金を安くすることができます。

たとえば、1千万円の所得を経営者1人の報酬として受け取った場合と、家族4人に分散した場合を比較してみましょう。1千万円を1人でもらった場合、所得税だけで100万円以上はかかります。住民税を合わせると、150万円以上になります。

しかし、１千万円を経営者が４００万円、妻が３００万円、両親などの親族が１５０万円ずつ報酬や給料として受け取った場合は、所得税、住民税を合わせてもだいたい50万円以下ですみます。

実際に、このような節税策を施している会社はいくらでもあります。筆者は、国税調査官時代に、こういう節税策をしている会社をたくさんみました。

実質的には１千万円以上の収入があるのに、払っている税金は薄給の私よりも少ないのです。当時は癪《しゃく》にさわることではありましたが、節税策としてはまっとうなものですので、税務署としても文句は言えなかったのです。

家族の場合は、従業員としても使いやすいのです。ちょっとした仕事があれば従業員にできますし、信頼関係もありますからね。景気が悪いときには、給料を下げたりすることにも、そう気を遣わなくてすむわけです。

また、会社が急に儲かって、このままでは多額の税金が課せられるというときに、従業員になっている家族にボーナスを払って、会社の利益を吐き出すことができます。

家族は、業務のうえでも、節税のうえでも使いやすいということです。

¥ 税務署に文句を言わせない家族への給料とは？

家族が会社の役員や従業員をしていた場合、いくつか注意しなければならない点があります。

第一に、「ちゃんと仕事をしているかどうか」ということです。何も仕事をしていないのに給料を払っていれば、それは不当に所得を分散したと税務署に見なされるおそれがあります。普通に考えても「仕事をしていないのに給料を出していれば、それはおかしい」ということになりますからね。

しかし、なんらかの仕事をしている形跡があり、そう高くない給料ならば、税務署はそう目くじらを立てることはありません。

たとえば、自分の母親が1日1回、会社にきて、掃除とか簡単な整理をしてくれる。それで毎月20万円の給料を払っていても、とがめられることではないでしょう。もしこれを派遣社員にやってもらおうと思えば、その程度の報酬は出さないとならないはずですから。

もちろん、これが月50万円等であれば問題視されるでしょう。

簡単にいえば、**世間相場からあまりにかけ離れた待遇にするのはまずいということです。**「世間並みよりも若干待遇がいい」という程度ならば、税務署も文句は言えないのです。そういう企業はいくらでもあります。

そして、会社に家族以外の社員がいる場合は、さらに注意が必要です。家族以外の社員と比べて、明らかに待遇が違う場合は、問題とされるからです。

たとえば、同じような仕事をしているのに、家族社員だけ給料は非常に高かったり、家族社員だけにボーナスが出る、などという場合はまずいでしょう。また、福利厚生などで家族社員だけが優遇されているというもの問題となります。

会社の中で、社員が家族しかいなければ、比較の対象がありませんから、ほかの社員との兼ね合いは気にしなくてもかまいません。

しかし、**家族以外の従業員がいる場合は、「客観的にみて妥当な待遇」ということを考えなければなりません。これは税法上のみならず、社内の士気という点でも、配慮が必要なことです。**

¥ 社長の奥さんにはボーナスが出せない？

前項までで、自分の身内を会社の従業員にしていれば、節税になるということを述べました。しかし、身内を従業員にした場合、条件によっては役員と見なされる場合もあります。役員にみなされると、「儲かった年にその人にボーナスを払って、会社の利益を減らす」という手が使えなくなります。

そのため、「どういうときに役員とみなされるか」をここでチェックしておきましょう。

第一の条件として、会社の使用人ではないけれど、会社の経営に従事している人は「役員」とみなされます。具体的にいえば、相談役、顧問などの名称で経営に実質的に携わっている人のことです。

次に、**使用人（従業員）の場合、その人の持ち株が次の条件をすべて満たし、なおかつ経営にタッチしている場合は「みなし役員」となります。**

・その人の持ち株割合（配偶者分含む）が5％を超えている
・その人の同族グループ（血族6親等、姻族《いんぞく》3親等以内）で、持ち株割合が10％を超えている
・同族グループ3位までの持ち株割合が50％を超えている

だから、株を100％持っているオーナー社長の奥さんは、株の保有条件では「みなし役員」ということになります。また、「経営にタッチしているかどうか」ということの、具体的な線引きはありません。

国税側では、だいたい「経理をしていればアウト」というような考え方をしているようです。つまり、奥さんが経理をしているのなら、会社の経営に携わっている（＝みなし役員）と考えるということです。

国税庁の考え方は絶対ではありませんが、税務の現場ではだいたいこの考え方が取り入れられているようです。

そのため、**大まかな考え方として、「奥さんが帳簿を触っていたら、奥さんにボーナスは出せない」といえます。**

“非常勤役員”は格好の節税アイテム

会社に身内を入れれば節税になるといっても、従業員や役員になるには、ただ名義を貸すだけというわけにはいきませんから、制約もあるでしょう。

家族はみな、別に仕事を持っていたり、遠方に住んでいたりして、従業員や役員にすることはできないようなこともありますからね。

その場合は、**非常勤役員**にするという手もあります。

非常勤役員というのは、会社に関する助言を与えたり、いざというときに交渉その他をするための役員です。

非常勤役員は、定期的に出社する必要はありませんし、これといった業務をしていなくても大丈夫です。だから、**非常勤役員にするための条件は、普通の役員や従業員よりも、かなりハードルが低いといえます。**

ただし非常勤役員の場合も、家族を従業員にしたときと同様、まったく会社の経営に関与していないのであれば、税務署からお咎《とが》めを受けることもあります。

でも、時折、会社に対して助言を与えたりしていれば、税務署がそれを否認するのは難しいのです。ほとんどの非常勤役員は、そういう仕事しかしていませんからね。そのため、非常勤役員の行った業務、助言の類などの記録は残しておくといいでしょう。

非常勤役員の報酬は、まあ普通の役員よりは低くしておかないとまずいでしょう。中小企業の場合、月10万円から20万円くらいまでなら大丈夫です。規模が大きい会社、利益の多い会社は、もっと払ってもいいのですが、それも世間相場と見比べなければなりません。

非常勤役員でも、監査役などにすれば、それなりに高い報酬を払っても大丈夫です。もちろん、経営者よりも多く払っていたりすれば問題ですが、経営者の半分くらいまでは問題ないといえます。

監査役になるには、会計士などの資格が別にいるわけではありません。だれでもなることができます。

¥ もっとも節税効果の高いボーナス支給日とは？

人件費を節税面で使いこなすうえで、ボーナスの支給時期は非常に重要になります。ボーナスの支給時期をうまく設定すれば、絶妙の節税策が施せるからです。

普通の会社では、ボーナスの支給時期は夏と冬の2回にしていることが多いようです。

しかし、この夏と冬の2回というのは、単に世間の風潮に合わせているに過ぎません。**もっとも効果的なボーナスの支給時期というのは、決算期とその半年後です**（年に2回の場合）。

なぜかというと、まず決算期というのは「決算賞与」とすることができるからです。

決算賞与というのは、「決算期に会社の利益を社員にも分配しましょう」という趣旨のボーナスです。この決算賞与は、夏、冬のボーナスと比べれば、副次的な扱いをされているケースが多いようです。

しかし筆者に言わせれば、この決算賞与こそ、メインのボーナスにするべきなのです。

なぜならば、**決算賞与は、企業の利益を調整するために打ってつけのアイテムだからです。**「決算期が近づいてきて、意外に利益が多いことがわかった。このままでは税金がたくさんかかってしまう」ときには、決算賞与をボーンと出して、利益を吐き出してしまえばいいのです。極端な話、いくら利益が出たって、それと同じだけの決算賞与を出してしまえば、利益を消してしまうことができるのです。

また、決算期の半年後に次のボーナスがあるので、そこでまた利益調整をすることができます。半期の状態を見ながら、決算期のボーナスをたくさん出した年は、決算期から半年後のボーナスは、その分だけ少なくするのです。

年間のボーナスはだいたい何か月分と定めておいて、1回ごとの額は、会社側で任意に決めるというように社員に言い含めておけばいいのです。社員としても、年間の総額のボーナスが約束通り払われていれば、1回ごとのボーナスの額が増減しても文句はないはずです。

このようにボーナス時期を決算期にしておけば、ボーナスをそのまま利益調整の道具として使うことができるのです。

¥ 決算賞与を使いこなせ

前項では、「ボーナスを決算期にすべし」ということを述べましたが、この決算賞与というのは、上手に使えば非常に効果的な節税アイテムになります。利益が出れば、決算賞与を出してしまえばいいわけですから。

大手企業では、だいたいどこも実施しているようですが、これは小規模会社にこそ、効果的な方法だといえます。

決算賞与を出す際、経営者としては〝もったいない〟という気持ちになることもあるでしょう。でも、**「次のボーナスの先払い」ということを社員に言い含めておけば、ボーナスを前払いすることもできます。次の年の業績がよくなければ、次のボーナスの額を減らせばいいので、かっこうの利益調整方法といえるのです。**

また、こういうときのためにも、中小企業は身内を社員にしておくべきともいえます。役員には利益分配としてのボーナスは払えないのですから、会社の利益を身内に還元したければ、身内を社員にしておかなくてはならないのです。

「決算賞与を出したいけど、決算月は資金繰りがつかない」という会社もあるでしょう。その場合、決算賞与の時期を1か月ずらすことも可能です。

決算賞与は、必ずしも、そのときに払う必要はなく、未払い賞与として処理することも可能なのです。未払い賞与というのは「払うことは決まっているのだけれども、まだ払っていない賞与」のことです。ただし、その場合は、次の3つの要件を満たさなければなりません。

①決算期日までに、支給額を支給される各人に通知していること
②決算期日の翌日から1か月以内に支払っていること
③通知をした事業年度に経費処理をしていること

つまりは、社員に「決算賞与がありますよ、いくら払いますよ」ということを決算期までに通知して、1か月以内に払わなければならないということです。決算月はなにかとモノ入りなので、この制度もうまく使いたいものです。

¥ 役員を退職させずに退職金を払う方法

「思った以上に利益が出てしまい、このままでは莫大な税金を払わなければならなくなる」という状況のとき、即効で大きな額の利益を消せる方法があります。

それは、会社の役員の役職を解き、退職金を払うという方法です。**会社を辞めさせるわけではありません。役職だけを解くのです。**

たとえば、社長を退任させ、社長業に対する退職金を払います。社長はそのまま役員として会社に残るのです。社長が退任すれば、どんな小さな会社でも、数千万単位の退職金を払えます。天下り官僚は、公益法人などの理事を数年勤めて多額の退職金を手にするということがよくありますが、その方法を利用するのです。

退職金というのは、通常の所得よりも税金面で優遇されているために、社長個人にとっても税負担はそれほど大きくありません（ただし、就任5年以内での退職では、税金面の優遇はありません）。

日本企業の社長はほとんどはオーナー社長なので、社長という肩書きがはずれたところで、筆頭株主であることに代わりはないのです。

会社の経営権を手放すわけではありません。

実際に日本の企業では、社長を退任した後、会長などとして会社に影響力を残している経営者はいくらでもいます。それは、大企業でも同じです。

ただし、この方法にはいくつかの注意点があります。

まず、**役職を解く前と解いたあとでは、「明確に職務内容が変わっていなければならない」ということに注意しましょう。**職務内容が変わらずに役職だけを解いても「実質的には変わりはない」として、退職金を否認される可能性がありますので。

そして、**設立して数年程度の企業では、退職金をあまり大きくすると過大報酬とされることがあります。**やはり、たった数年では、あまり多額の退職金は出せませんからね。10年以上続いているような企業で、偶発的な要因で、当期だけ莫大な利益をあげたようなときには、効果的な節税策だといえます。

また、二世がすでに会社の中心になっているような会社では、利益が上がったときに社長を交代するというのは、世代交代をスムーズに行うという面でもメリットがあります。

非常勤役員を退職させる

前項では、代表取締役や社長が、その役を退職することで節税する方法を紹介しましたが、社長や役員が辞めることには抵抗がある会社も多いでしょう。

そういう会社の場合、前項とよく似た節税方法で、「非常勤役員を退職させ、その退職金を払うことで節税する」という方法があります。

前述したように非常勤役員というのは、常勤じゃない役員ですので、会社にはあまりきませんし、これといった業務もしていないことがほとんどです。そういう「あまり必要でない非常勤役員」を退職させるわけです。

非常勤役員の場合は、社長を辞めさせることよりもはるかに会社にとって負担は少ないでしょう。しかも、非常勤役員の退職金もそれなりの額は出すことができるので、かなりの節税となります。

ただし、非常勤役員の退職金は、日ごろの報酬の額に比例します。年間報酬1千万円くらいだったならば、数千万円の退職金を払うことも可能です。しかし、年100万円など、ほんの形ばかりの報酬だった場合は、退職金もそう多くは出せません。

それでも一応、退職金ですから、それなりの額になりますし、節税効果も大きいわけです。1千万円規模の節税がしたい場合には、有効な手段だと思われます。

会社に非常勤役員を置いておくことは、そういう面でメリットがあることなのです。非常勤役員は、給料の分散にもなり、常日頃の節税策としても使えるのです。だから、会社をつくったときに、家族や親族など親しい人を自社の非常勤役員にしておきましょう。

そして、1人の非常勤役員を退職させたあとは、他の人をまた非常勤役員にしておきます。これは、今後の節税のためです。

親子何代か続いている企業などでは、引退した先代は必ず非常勤役員に据《す》えておきましょう。

まったく仕事を辞めて会長職も降りるというときでも、非常勤役員の地位には据えておいたほうがいいです。経営上も節税上も、いざというときに頼りになりますので。

¥ 社員を退職させずに退職金を払う方法

前項では役員を退職させたり、役職を解いたりして、退職金を払うという節税方法を紹介しました。

「役職は解けない」

「うちは非常勤役員など置いていない」

という会社も多いでしょう。

中小企業で、役員を退職させたり、役職を解いたりすることはけっこう大変なことですからね。

しかし、**誰も退職させずに、退職金を払うという裏ワザも実は存在します。**

これは、社員（役員ではない）のだれかを役員に就任させることで退職金を払うというものです。

「役員に就任した人に退職金を払う⁉　そんなバカなことがあるわけないじゃないか！」

普通の人はそう思うでしょう。

でも、これは本当に可能なのです。この方法の理屈は、次のとおりです。

普通の社員が役員に就任します。社員と役員では、報酬の条件や勤務内容が変わるので、「社員としての勤務は終了した」として退職金を払うのです。

実際に、このことを行っている企業はけっこうあります。

国税当局が「退職金としては認められない」として、税務訴訟にまで発展したケースもありますが、いまのところ役員就任後に勤務内容、労働条件に大きな変動がある場合は、退職金として認められるという判決が出ています。

役員と社員では、建前上では立場はまったく違いますからね。社員は会社から雇われている立場ですが、役員は雇う側であり、業務内容も報酬形態もまったく違います。

役員に就任するとき、「社員としては退職し、役員として会社に入る」という考え方は不自然なことではないともいえます。

社員を退職させずに退職金を払うときの注意事項

前項では、社員を役員に昇格させることで、退職金を払う方法を紹介しました。

これは、中小企業にとって、非常に有効な節税方法です。

84ページで述べたように中小企業の命題の1つとして「身内にお金を残す」ということが挙げられますが、「身内にお金を残す」場合に、この方法は非常に効果があります。

たとえば、息子を社員にしていて、そのうち跡を継がせようと思っているような会社では、大きな利益が出たときに、息子を役員に格上げし、退職金を支払うのです。

これは、会社にとっても、息子にとっても節税になります。**退職金は、普通の給料よりも税金が非常に安く設定されています。だから、給料やボーナスで多額のお金をもらうより、退職金でもらったほうが得なわけです。**

もちろん息子に限ったことではなく、役員になる可能性のある社員全般にいえることです。

ただし、この方法には注意点がいくつかあります。

まず、**役員に就任したときに、職務内容や待遇が大きく変わらなければなりません。**これは「若干、変わった」というようなものではダメで、明確に変わる必要があります。役員に昇格しても、社員のときとほとんど変わらなければ「節税のための表面的な昇格」という判断をされてしまいますからね。そのためには、何がどう変わったのかをきちんと書面に残す必要があります。

それと、もしかしたら国税庁はまだこの件に関して不承知かもしれず、争いとなる可能性がなきにしもあらず、という状態です。

だから、この方法を採り入れる場合は、あくまで自己責任です。裁判所で一度、認められていますので、国税庁も正面から異を唱えることはないと思われます。

ただ、役員としての条件などに文句をつけてくるおそれはあります。そのため、くれぐれも、**職務内容と待遇は明確に変化させることです。**

¥ 退職金はどのくらいまで出すことができるか？

ここまで、非常勤役員を退職させたり、役職を解いたり、役員に就任させたりして、退職金を出せば大きな節税になるということを説明してきました。

儲け過ぎたときには、退職金をどれだけ出せるかが、節税の大きなカギだともいえます。

しかし、退職金といってもどのくらいの金額を出せるものか、不安になる人も多いことでしょう。**実は、退職金の妥当な額というのは、税法できっちり定められているわけではありません。**税務当局の見解をみても、「同業他社と比較したり、社会情勢をかんがみて妥当な額」などという非常に曖昧《あいまい》な表現になっているわけです。

アメリカの大企業の役員などは、たった数年の勤務で何十億、何百億円ももらえるケースもありますが、そういうのはあまり参考になりませんからね。

退職金に関して、税務署に文句を言われないためには、まず就業規則に退職金の計算方法等を明示しておくことです。

就業規則に、退職金の支払いの時期、額などをあらかじめ定めておいて、その規則どおりに払います。

期末に急きょ退職金の支払いを決定する場合、就業規則にそれを書き加えておいたほうがいいでしょう。けれども、就業規則にうたっていなければ退職金の支払いが認められないわけではありません。

また、多額の退職金を出そうと思えば、役員との契約書などをつくって、それを明記しておくことです。それでも確実に認められるかというと、そうは言い切れません。ただし、多額の退職金であっても、明確な理由があれば認められます。たとえば、「創業者で、会社にこれだけの利益をもたらした、だからこれだけの退職金を払う」という場合などが挙げられます。

さらに、退職金というのは、その人がもらっていた報酬にだいたい比例するものなので、退職金を多く出すためにも、日ごろの報酬を高めに設定しておくことが肝要ともいえます。辞める前に、報酬を上げるというのも手です。これは天下り役人などがよく用いる手法ですので、普通の会社が使わない手はありません。

税務署に文句を言わせない退職金の額とは？

日本の退職金の妥当な額を測るうえで、基準らしきものがあるので、ここで紹介しましょう。それは**「功績倍率《こうせきばいりつ》」**を使う方法です。功績倍率とは、会社に対する功績を数値で示すものであり、計算式は次のようになります。

退職金÷最終報酬月額×在任（勤務）年数×功績倍率

この計算式を、功績倍率を用いて退職金を求める計算式に変更すると、次のようになります。

最終報酬月額×在任（勤務）年数×功績倍率＝退職金

この功績倍率というのは、本来はその人の功績によって上下するものですが、これには相場があって、だいたい「2」前後なら問題ない、「3」くらいまでは大丈夫とされています。

だから、20年間役員をして最終の報酬月額が１００万円の人に対して、功績倍率2で退職金を計算すると次のようになります。

１００万円×20年×2(功績倍率)＝４千万円

つまり、この人の退職金は４千万円までなら問題ないといえます。そのため、退職金を多く払いたい場合は、最終報酬月額を多めに設定するといいでしょう。

ただ、この功績倍率というのも、明確な基準ではありません。この基準から大幅にはずれているケースもあります。外資系企業などでは、けた外れの退職金を出すケースもありますからね。しかし、中小企業であれば、功積倍率どおりに退職金を設定していれば、税務署が口を挟むことはまずないと思います。

¥ 退職金を積み立てながら節税できる「中小企業退職金共済」

中小企業には、**「中小企業退職金共済」**という制度があります。

中小企業退職金共済とは、中小企業がこの共済に毎月いくらか積み立てて、それを従業員の退職したときに退職金として支払う制度です。この制度は、節税策としても非常に有効なものです。

中小企業退職金共済のどこが節税になるかというと、積み立てた金額が、全額損金にできるからです。

日本の税法では、退職金のための引当金は認められていません。

退職したときに、従業員に退職金を払うように就業規則で決められている企業、退職金の支払い慣習がある企業の場合は、従業員に対して退職金の支払い義務が生じます。

退職金は、企業にとって潜在的な債務といえるのです。

しかし、企業が退職金のためにお金を積み立てても、それは税務上、損金にできません。つまり、企業は従業員の退職金を払う債務を負いながら、それを損金として積み立てておくことができないのです。

これは企業にとっては、痛いことであり、日本の税制上の欠陥だともいえます。

しかし、**中小企業退職金共済を使えば、企業が毎年損金として、退職金を積み立てることができるのです。**

たとえば、中小企業退職金共済を使って１人当たり月３万円を積み立てていたとします。これは会社の経費に計上することができますので、毎年、社員１人当たり36万円の経費計上ができます。20年後には利子も含めるとだいたい８００万円に、30年後には１２００万円くらいになっているのです。

それだけの備えがあれば、社員が退職したときにあわてなくてすむでしょう。

さらに、この中小企業退職金共済は、１年間の前納が可能だということで、節税上有利なのです。だから、期末に1年間前納すれば、期末になってからの節税策ともなります（ただし、**前納して払った年度の損金にするには、その後もずっと前納しなければなりません**）。

¥「中小企業退職金共済」のメリット

「中小企業退職金共済」には、国からの若干の助成があります。つまり、積み立てた額に、国が若干の上乗せをしてくれるのです。単なる退職積立金と考えても、有利な制度です。

ただし、**原則として、全従業員に掛《か》けなければなりません。**

また、経営者や役員、家族従業員は、加入することができないので、経営者の資産形成のためには使えません。従業員に退職金を払う慣習のある中小企業、払おうと思っている中小企業は、ぜひこの制度を活用したいものです。

取扱い、申し込みは、おもな金融機関か中小企業退職金共済事業本部で行っています。

中小企業退職金共済事業本部

〒170－8055　東京都豊島区東池袋１－24－１
ニッセイ池袋ビル

電話03－6907－1234

加入資格
資本金５千万円以下（製造、建設業は３億円以下、卸売業は１億円以下）の企業であれば、どこでも加入できます。
掛け金
従業員１人当たり月５千円から３万円までであり、その間の増額は自由にできます（ただし減額は、理由が必要)。特例としてパートタイマーなどには、１人当たり月２千円から４千円の掛け金もあります。
解約条件
全従業員が解約を認めたとき、もしくは厚生労働大臣が掛け金を払い続ける状態ではないと認めたとき。

第3章のまとめ

- ✓人件費を制する者は税金を制す
- ✓中小企業の場合、基本的に社長の報酬は高くしておく
- ✓代表者へのボーナスも使い方によっては役立つ
- ✓小規模企業共済で社長の所得税も安くできる
- ✓家族を会社に入れることが、もっとも手っとり早く、効果が高い節税の準備
- ✓だれでもなれる非常勤役員は使い勝手がいい
- ✓ボーナスや退職金を上手く使いこなそう
- ✓退職金制度のある中小企業は中小企業退職金共済を活用すべき

第4章

〝公私混同〟で
税金を安くする！

¥ 車の買い替えは格好の節税策

会社が儲かったとき、車を買い替えるというのも、有効な節税策です。

とくに、いま持っている車に固定資産としての残存価額があったならば、その残存価額分を一気に損金にできますからね。

たとえば、現在、帳簿価額が100万円の車があったとします。その車を買い替えたときに、50万円で下取りされました。そうなると、「帳簿価格100万円－売却額50万円」で、差し引き50万円の固定資産売却損が出ます。つまり、車を買い替えるだけで50万円の損金を計上できるわけです。また、これに「新しい車の減価償却費」も加算されます。

「100万円の車を、50万円で売ったなら、50万円損するわけじゃないか?」

「税金が安くなったって、損をしたんじゃ、しょうがない」

と思う人もいるでしょう。しかし、やり方によっては、実際には損をせずに、帳簿上だけに損を出すことができるのです。

車を買い替えるときに、固定資産売却損が出るようにディーラーと取引すればいいのです。古い車の下取り額は低くして、新しい車の値引き額を大きくしてもらうのです。

たとえば、古い車の下取り額が70万円だったら、それを50万円にして、20万円は新車の値引きにしてもらいます。そうすれば、固定資産除却損を20万円多く計上することができます。

また、新車の値引きをしてもらえば、自動車取得税の節税にもなります。ディーラーにしてみれば、下取りして払おうが、新車を値引きしようが、どちらでも同じです。こちらから頼めば、そのとおりにしてくれるでしょう。

つまり、**下取り額を低くすることで、車の固定資産売却損を大きくして、その分、税金を安くするのです。**ただし、あまりに市場価格とかけ離れた下取り額では、否認されるおそれがあるので、あくまで市場価格の範囲内での値段交渉となります。

もちろん、車を買い替えるのだから、会社の金は減るわけです。しかし、車好きの人はいい車を買うことで勤労意欲が増すので、儲かったときに車を買い替えるのは、けっこういい節税策ではないでしょうか？

「4年落ちの中古車」という強力節税アイテム

前項で、車を買い替えることは有効な節税策だと紹介しましたが、そのなかでもとくに中古車は、非常に効率のいい節税ができます。

中古資産というのは、新品を買ったときよりも、当然、耐用年数は短くなります。耐用年数が短いということは、1年間に計上できる減価償却費がそれだけ大きいということです。

そして中古車の耐用年数というのは、

（耐用年数－経過年数）＋（経過年数×20％）

という計算方法で算出されます。

たとえば、5年落ち（5年経過）の中古車を買った場合、自動車の耐用年数6年から経

■中古車の耐用年数

１年落ち	耐用年数５年
２年落ち	耐用年数４年
３年落ち	耐用年数３年
４年落ち	耐用年数２年
５年落ち	耐用年数２年
これ以上古いもの	耐用年数２年

過年数5年を引きます。それに経過年数の20%、つまり、1年を足します。計2年となり、この中古車の耐用年数は2年ということになります。

1年未満の端数が出た場合は切り捨てとなり、最短耐用年数は2年です（計算式で2年以下になった場合は2年が耐用年数となります）。

ざっと中古車の耐用年数を並べてみると、上表のようになります。

ということは、**4年落ちの中古車を買えば、耐用年数は2年となるので、これがもっとも減価償却費では有利になります。**

これ以上、古いものを買っても耐用年数は減りません。耐用年数が2年ということは、現在の税法では最初の1年間に全額を損金に計上できるのです。

¥なぜ中古ベンツは節税効果が高いのか？

中古車の中でも、もっとも節税効率がいいのは中古外車です。とくに、中古ベンツは昔から、強力な節税アイテムとされてきました。なぜ中古ベンツが強力な節税アイテムなのか、その理由を説明しましょう。

中古ベンツの節税効果のよさの理由は、まずその耐久性にあります。

ベンツの特徴は、なんといっても優秀な性能ですが、それと同時に「丈夫で長持ち」ということが挙げられるでしょう。

そしてこの「丈夫で長持ち」ということが、節税で大きな意味を持ってくるのです。**重要なポイントは、中古であっても値があまり下がらないということです。**

２００２年から２００４年のモデル「ＳＬ55　ＡＭＧ」は新車で１千６百万円程度です。この２００３年モデルの中古車が、１千万円程度で売られています。つまり４年経過しても価格は４割くらいしか下がらないのです。

これは節税上、非常に有利になります。というのは、４年落ちのベンツを買えば耐用年数が２年なので、最初の１年間で全額を減価償却してしまいます。１千万円のベンツも、２年目には帳簿上の価値はゼロになってしまうのです。

ところが、４年落ちの１千万円のベンツを２年間乗ったとしても、まだまだ市場価値はあります。よほどのことがない限り、最低でも５百万円、状態がよければ８百万円くらいの価格で売れるかもしれません。

ということは、**経費として1千万円を計上しているのに、実際には5百万円から8百万円の資産が残っていることになります。**

帳簿上には、この資産価値は載っていませんので、いってみれば、「含み資産」ということです。会社は、裏金を5百万円から8百万円持っているのと同じことなのです。

ですから、儲かったときにベンツを買って節税をし、会社が赤字になりそうなときや、あまり景気がよくないときには、ベンツを売り払ってしまえばいいわけです。

もちろん、ベンツを売ったときには、売却益は「収益」として計上しなければなりませんので、注意しましょう。

中古ベンツは金を出さずに経費だけを計上できる

会社にはいろいろな節税策がありますが、節税策のほとんどは、「経費を使う」ものであり、お金が出ていってしまうものです。

経費を使うには、当然、お金を必要とします。しかし、中小企業の場合、そう急には多額のお金は捻出できないものです。

しかし、**中古ベンツ節税策の場合、当座のお金は出ていかずに、経費だけ計上することができるのです。**

平たくいえばローンを使うわけです。

たとえば、4年落ちの中古ベンツを1千万円・5年ローンで買ったとします。4年落ちの中古車の耐用年数は、前に述べたとおり2年なので、1年目で購入代金の全額を減価償却費に計上できます。

でも、支払いは5年間のローンなので、1年あたりに支払う代金は2百万円ちょっとと

■4年落ちの中古ベンツを1千万円・5年ローンで買った場合

1年間に出ていくお金（ローン支払い） 2百万円ちょっと
1年間に経費に計上できるお金（減価償却費） 1千万円

なります。

出ていくお金は2百万円ちょっとなのに、経費として計上できるのは1千万円、つまり8百万円もの資金的余裕ができるわけです。

もちろん、8百万円の資金的余裕ができるのは、最初の1年間のみです。耐用年数を過ぎれば、減価償却費は計上できないので、ローンだけが残ることになります。

それでも、中古ベンツを買った最初の1年間は1千万円もの経費を計上できて、実際に出ていくお金は2百万円しかないわけです。とにかく中古ベンツを買って節税しておいて、あとで資金繰りを調整することができるのです。

だから、節税を施したくても、急な資金の調整がつかないような企業にとっては、中古ベンツはうってつけの節税アイテムだといえます。

¥ 2ドアのベンツでも経費で落とせる

経理担当者の間では、こういう都市伝説があります。

「2ドアの車は会社の経費（社用車）にはできない」

しかし、これは実は誤解に過ぎません。

以前、『なぜ、社長のベンツは4ドアなのか』（フォレスト出版）というビジネス書が大ヒットしましたが、実はこの本はこの誤解に基づいて書かれたものだったのです。（面白い本ではありましたが）。

2ドアの車というのは、後部座席にお客さんを乗せることができません。「社用車というものは、お客さんを乗せるためにあるのだから、2ドアの車は社用車にはできない」というのがこの都市伝説の根拠です。

しかし、裁判の判例で、この都市伝説は明確に覆《くつがえ》されているのです。

ある社長が2ドアの車を社用車とし、税務署はそれを否認したために、裁判となったのです。この社長は、２ドアの車を、出勤や出張の際に使っており、「会社の業務で使っているのだから社用車として認められるべきだ」と訴えたわけです。

そして、判決ではこの社長の言い分が通りました。この社長は、プライベート用に別の車を持っており、この２ドアの車は会社のために使っているということが、はっきりしていたからです。

この判決のポイントは、「この社長がプライベート用の車を別に持っていた」ことでしょう。税務署は、「２ドアの高級車を会社の業務で使っているわけはない」「ほとんどプライベートで使っているはずだから、会社の金で買うのはおかしい」という主張をしました。ところが、プライベート用に別の車を持っていましたし、きちんと会社の業務で使っているということが客観的にわかったので、社長の言い分が認められたのです。

つまりは、**２ドアの車であっても、会社の業務で使用してさえいれば、立派に社用車として認められるわけです。**

ですから、車好きの経営者の方などは、会社が儲かったときには、２ドアの高級車を買ってみるのも手かもしれません。もちろん２ドアの中古ベンツも、節税アイテムとしては非常に優れています。

¥ 交際費を使い倒す！

会社の節税策として手っとり早い方法に、交際費があります。

取引先や従業員などと、酒を飲んで、それが経費で落とせるとなれば、呑み助の経営者にとっては、またとない節税策といえるでしょう。

しかし、現在の日本の税法では、交際費は無条件で損金に計上できるものではありません。いくつかの制約があるのです。それをうまくクリアすれば、相当な額の交際費を損金に計上することができます。だから、呑み助の経営者や、接待交際が多い業種などでは、接待交際費の知識を十分に持っておきたいものです。

まず、接待交際費の基本について説明しましょう。現在の日本の税法では、会社（法人）については原則として接待交際費の損金算入は認められていません。しかし、資本金1億円以内の中小企業では、年間8百万円は接待交際費を税務上の経費に計上できることになっています（平成25年税制改正により）。

日本の会社の9割は中小企業ですし、この本を読まれている人の多くは、中小企業の方かと思われますので、つまりは年間8百万円までは接待交際費が使えるということを頭に入れておきましょう。

そして、接待交際費に関するよくある誤解として、「直接の取引に関係する相手しか接待交際費に計上できない」というものがあります。しかし、**企業の接待交際は、事業に関する接待交際であれば、何でもいいのです。**少しでも事業に役立つ情報を持っている人、相談に乗ってくれる人などを接待するならば、立派に接待交際費として計上できます。また、「ゴルフなどを接待したときに、自分のプレイ代は接待交際費に計上できない」などという都市伝説もありますが、これは都市伝説に過ぎません。

接待ゴルフであれば、自分のプレイ代も接待交際費として計上できます。税務署の調査官が嘘をついて、「あなたのプレイ代は認められない」などと言って、追徴税を巻き上げることが稀《まれ》にありますので、気を付けてください。

自社の従業員を飲みに連れて行った場合も、接待交際費として損金計上できます。

¥ “会議費”を使えば会社の金で飲み食いできる

会社の金で酒を飲む方法として、会議費を使うという手があります。

法人税法では、会議費という経費が認められています。

会議費というのは、その名のとおり会議に関係してかかった費用のことです。そして、この会議費には食事と若干の飲み物も認められているのです。欧米の会議では、食事の際にアルコールをとることもあります。欧米の文化は何でもよしとする日本は、「会議で酒」という文化も認めているわけです。

ただし、この会議費は、あくまで会議のために支出するという建前がありますので、際限なく酒を飲めるということではありません。

会議費で認められるアルコールは、目安としてだいたい1人ビール1、2本、ワイン数杯程度とされています。だいたい3千円くらいでしょう（明確な基準はありません）。

また会議費が経費として認められるには、「会議をするのにふさわしい場所」ということになっています。だから居酒屋などではまずいでしょう。ただし、昨今では、会議室を有する居酒屋もあるようです。そういう場所であれば、会議ということも可能かもしれません。

また、**会議という建前をとらなくてはならないので、会議が行われたという証拠も残さなければなりません。簡単な議事録や出席者名簿などは残しておくべきでしょう。**

この会議費を使えば、飲み代を会社から出すことができます。簡単にいえば、会議という形をとって飲み会を開き、その費用を会社が出すというわけです。

会社では重要な仕事が始まるときや、終わったときに、セクションで飲みに行くことも多いものです。そのときに、この「会議費」を使って飲み会を開きます。

酒の量は限られていますが、ホテルのレストランなどで、軽く一杯、一次会の費用くらいはこれで賄《まかな》えるはずです。外に出ずに社内で会議を開き、食事は出前などを取るのなら、3千円でも充分に豪勢な会ができます。

また、家族でやっている会社でも、簡単な議事録や出席者名簿などを残すような会議をちゃんとしているのならば、この会議費を使うことができます。

¥ “会議費”を使えば、朝食もランチも会社の金で落とせる！

前項では、「会議費」を使った飲み代の損金計上方法を紹介しましたが、この「会議費」は飲み代以外の方法にも使えます。

それは、豪勢なランチを会社の金で出すことです。

簡単にいえば、**昼食時に会議を行って、その昼食代を会社から出せばいいのです。この会議費の場合は、全額を会社の経費から出すことができます。**

第5章では、月3千500円までは会社が昼食代を補助できるということを紹介しますが、月3千500円では1回あたり200円足らずです。もっと気前よく会社の金で昼食を食べたい人も多いでしょう。

そういう場合、会議費として昼食を出せばいいのです。

会議で昼食を出すには、会社の会議室で仕出しをとってもいいし、ホテルやレストランなどで会議を行う形にしてもいいでしょう。

ただし、**前項でも説明したように、会議費はあくまで会議という形態をとらなくてはなりません。毎日というわけにはいかないでしょう。**

しかし週に1、2回くらいならば、十分いけるといえます。また、毎日会議をやっていたとしても、その会議が必要だったという合理的な理由があれば、認められます。

外資系企業の経営者のなかには、毎日、ランチをとりながら会議をするという人もいます。そういう場合、もちろん会議費として計上できます。

また、昼食だけではなく、朝食（もちろん夕食も）でも可能です。朝食を一緒にとりながら会合をするという議員さん連中などもいたことですし、朝食をとりながら会議というのも決して不自然なものではありませんので。

場所については、普通の定食屋等ではいけません。会議のできる場所、ホテルやレストラン、料亭などで行う必要があります。

この制度と、154ページで紹介する月3千500円までの昼食補助制度をうまく組み合わせれば、社員の昼食代は相当部分を会社が持つことができるでしょう。さらに、夜食代と組み合わせれば、食事代の大半は会社の金で出すことができるというものです。

1人当たり5千円以内ならばOK！交際費の抜け穴とは？

124ページで述べたように、日本の法人税法では接待交際費は原則として損金計上できません。**資本金1億円以上の大企業では接待交際費という経費は、税法上認められていないのです。**

また、資本金1億円未満の中小企業では、接待交際費の損金算入枠が年間800万円まであリますが、それを超えた場合は、課税されてしまいます。

筆者は、接待交際費に厳しい日本の税制が、景気を悪くしている要因の1つとも思っていますが、当局もそれに気付いたらしく、昨今、若干規制が緩められました。

平成18年の税制改正で、一部の接待交際費については、税法上の経費として認めようということになったのです。この税制改正により、1人当たり5千円以内の飲食費については、交際費としての「規制外」とし、その全額が損金算入できるようになったのです。「交際費の規制外」という言い方は少しややこしいのですが、つまりは、1人5千円以内の飲み代であれば、会社の経費で落とせるようになったのです。1人当たり5千円なのは、消費税抜きの金額なので、消費税込みならば、5千250円です。

5千円というと、けっこうな額ですよね？

普通の居酒屋ならば、だいたい5千円以内に納めることができるはずです。だから、普通の飲み会の場合は、この制度で損金計上できるわけです。高級店での接待などは別として、庶民的な接待交際はこれで解禁されたというわけです。

また、**1人ひとりが5千円以内に収める必要はなく、平均単価が5千円以内に収まればOKということです。**だから、1人5千円を上回りそうな場合は、あまり飲み食いしない人を何人か連れていけば、解決できるでしょう。

たとえば、たくさん飲む人ばかりが6人そろって、飲み代の総額が3万5千円くらいかかりそうなときには、小食で酒を飲まない人（飲食代2千円程度）を2人連れて行けば、全部で1人当たり5千円以内に納まるわけです。

その辺は、うまくやればどうにでもなるでしょう。

交際費5千円ルールの条件

前項で紹介した飲み代5千円を損金計上する場合、若干の条件があります。
まずは、次の内容を記載した書類を保存しておかなければなりません。

①その飲食等のあった年月日
②その飲食等に参加した得意先、仕入先その他事業に関係のある者等の氏名又は名称及びその関係
③その飲食に参加した者の数
④その費用の金額並びにその飲食店、料理店等の名称及びその所在地
⑤その他参考になるべき事項

こんな書類を残しておくのはちょっと面倒くさいことではありますが、なにはともあれ、

飲み代を会社が出せるようになったのだから、これくらいの手間は頑張ってクリアしましょう。飲み会の多い会社では、ひな形や様式をつくっておくといいかもしれません。

この特例では、社内の人間同士での飲み会は対象外となります。だから、社内の人間同士で飲む場合は、前記の会議費などを使うべきでしょう。

また、**1人当たり5千円を1円でも超えれば、全額が経費として認められなくなりますので、注意を要します。** たとえば、1人当たり5千5百円だった場合、5千円分は会社の経費で落とし、残り5百円ずつは自腹を切る、などということは不可なのです。あくまで、店に支払う段階で、1人当たり5千円を切っておかなければならないのです。

この条件をクリアするためには、店の人にあらかじめ相談して、5千円以内に納めてくれるように頼んでおくのも手でしょう。なじみの店だったら、「今回だけは、1人5千円以内にしておいてよ。今度また来るからさぁ」などと耳打ちしておけば、支払いを心配しないで飲むことができます。

また普通の居酒屋でも、事前に相談すれば飲食費1人5千円以内としてくれるはずです。

忘年会、新年会の費用を会社が出す

忘年会、新年会、飲み代などの費用を会社が経費で落とすこともできます。

どんな会社でも、年に数回は社員を集めて宴会をすることがあるはずです。そういう**定例的な行事の費用は、一次会までは会社が福利厚生費として負担できることになっています。**これは法的に明確なルールがあるわけではありませんが、社会通念上、二次会以降は社員の有志参加であり、個人的な遊興の意味合いが強くなるので、一次会までの負担にしておいたほうが無難でしょう。

そうはいっても、会社や人によっては、毎月、何かにかこつけて宴会を開いていることもあるかもしれません。昔の歌謡曲にあったように、2月は豆まき、3月はひな祭りというように、酒飲みはいつも何か理由をつけて酒を飲みますからね。だから、どんな行事も認められるというわけではありませんが、社会一般的に認められているような行事であれば大丈夫です。忘年会、新年会、花見くらいまでは、まず問題ないといえます。暑気払いも大丈夫でしょう。

これは、**交際費で出すわけではないので、中小企業の交際費枠が減ることはありませんし、交際費枠のない大企業でも支出することができます。また社員にも税金、社会保険料はかかりません。**

しかし、忘年会などの費用を福利厚生費で出す場合には、次の条件があります。

・ほぼ全員の社員が参加していなければならないこと
・著しく高額な費用は認められないこと

「著しく高額」といっても具体的な基準があるわけではありません。昨今では安い居酒屋でも普通、１人数千円かかりますし、ちょっといいところに行けば万単位になることもあります。だから、数千円から１万～２万円程度の費用ならば、福利厚生費で可能と思っていいでしょう。

家族でやっている会社の忘年会等の費用であっても、支出することができます。

ただし、取引先や社外の人を招待するような忘年会は、福利厚生費ではなく、接待交際費として計上しなければなりません。

¥ 英会話学校に会社の金で行く

昨今の国際化時代、英語を話せる人もかなり多くなりました。仕事の後に英会話学校に行くビジネスマンもけっこういますよね？

この英会話スクールの費用は、会社の経費で落とせます。

法人税法では、社員が会社の業務に必要な知識、技能を身につけるための費用は、経費として認められます。要は、**会社の仕事に関係ある学校ならば、費用は会社が出してもかまわないのです。**

英語が業務に直接関係している会社はもちろん、間接的に関係する会社でもＯＫです。つまり、日本のほとんどの会社は、英会話学校の授業料を会社の経費で出すことが可能なのです。

近い将来、外国企業と取引するかもしれませんし、日本中の会社はどこもそういう可能性を持っているはずです。日本固有の料理である寿司の職人さんでも、英会話を習っている人は多いのです。外国人観光客が来たときのために。

あなたの会社も、いつなんどき外国の人々と付き合うことになるかもしれません。だから、英語が関係ないということはありません。税務署が文句を言ってきたら、ぜひそう言い返してください。

英会話に限らず、会社の業務に少しでも関係のあるものだったら、いろんな学校、講座の費用も会社から出すことができます。

たとえば、自動車学校や経理の学校でも大丈夫です。自動車は営業の業務、経理は会社の業務に直結しますので。

また、この技能習得のための費用は、福利厚生費ではないので、全社員が享受できるようになっていなくても大丈夫です。一部の社員が、会社の業務命令で英会話学校に行くというのもアリなのです。だから経営者が、必要性を感じて英会話学校に行く場合、それは会社の経費で出すことができるのです。

ただし、**合理的な理由もなく家族社員だけを技能習得に行かせるなど、あまりに不合理な場合は、その家族への給料とみなされることもあります。**

¥ 本や雑誌の代金も会社の経費で落とす

会社の経費で落とせるものに、書籍や雑誌の代金があります。

書籍や雑誌の代金は、費用として認められる範囲が広いのです。何度か触れましたが、会社の損金に計上できるかどうかというのは、事業に関連しているかどうかで判断されます。そして、直接関係していなくても、間接的にでも関係していれば大丈夫でしょう。ほんの少しでも仕事に関係のある本ならばＯＫなのです。

ですから、**書籍、雑誌などは、かなり広い範囲で損金として認められます。**書籍や雑誌には、どんな役に立つ情報がはいっているかわかりませんので、どんな本でも、「情報収集」になりえるからです。週刊誌などでも重要な情報源ですから、当然、費用として認められます。

業界や世間の動向をつかむためや、一般知識を得るなどの研鑽《けんさん》のために、買った本や雑誌も、もちろんＯＫです。

書籍や雑誌は、1冊は少額でも、月や年に換算すればけっこう大きな金額になっているものです。とくに、日本人は読書家ですからね。読書好きの経営者もかなり多いのではないでしょうか？

書籍代を会社の経費で落とせば、けっこうな節税になります。

書籍代を会社の経費で出せば、当人の所得税の節約にもつながります。

たとえば、月5千円、書籍代に使っている場合、年間6万円になります。これを自分の給料から払えば、最低税率の人でも、所得税や住民税を含めて8千円程度の税金がかかっています。でもその分を会社の経費で落とせば、会社の節税になるうえに、自分の税金が8千円も安くなるのです。

もちろん、買った書籍の領収書は、会社に保管しておかなければなりません。また、いくら経費として認められる範囲が広いといって、あまり調子に乗るといけません。以前、政治家の事務所でアダルト本を事務所経費で落としていたのが発見されましたが、アダルト本はさすがに会社の損金で落とすのはまずいでしょう（これも合理的な理由があれば、損金計上可能ですが）。

自宅用パソコンを会社の金で買う

会社の損金を増やす方法として、自宅用のパソコンを会社の金で買うという手段もあります。

経費で落とせるパソコンは、何も会社に備えつけてあるものだけではありません。自宅で使っているパソコンも、一定の要件を満たしていれば会社の経費で落とすことができます。一定の要件とは、何度も触れたように、「事業に関係することに使っている」ということです。

仕事や日常生活の情報収集で、パソコン、インターネットは欠かせないものです。いまどき、会社のものだけでなく、自宅でもパソコンを持っているという人がほとんどでしょう。

もちろん、完全なプライベートのパソコンを会社の経費で落とすことはできません。少なくとも建前上はできないことになっています。ただ、家のパソコンでも、まったくプライベートでしか使わないということはあり得ませんよね？

また、会社から支給されたパソコンを家に持ち帰って仕事をしたことがあるサラリーマンなどは、腐るほどいるわけです。だから、**別に自宅に置いてあるパソコンを、会社の金で買っても、問題はないわけです。**

パソコンは、最近では10万円以内でも買えますから、固定資産に計上する必要もありません。また中小企業の特例を使えば（１７４ページを参照）、30万円までのパソコンが買えます。30万円出せば、最新式のものが買えるはずです。思った以上に利益が出た場合のプチ節税には、うってつけといえるでしょう。

ただ、パソコンはあくまで会社の備品ということになっているので、いつでも会社に持ってこられる状態にしておいたほうがいいでしょう。

税務調査などで、帳簿にパソコンが載っているのを見た調査官が、「この経費に計上しているパソコンはどこにありますか？」と聞いてくるおそれがあります。

その場合は、「家で仕事に使っています」と答えれば問題ありませんが、「見せてほしい」と言われたときのために、一応、いつでもパソコンを持ってくる準備はしておくべきです。

第4章のまとめ

✓車の買い替えも有効な節税策

✓「丈夫で長持ち」なことが、ベンツが節税に向いている理由

✓交際費は手っとり早い節税策として使い倒せる

✓１人当たり５千円ならば、交際費は全額損金となる

✓定例行事の一次会は、会社が福利厚生費として負担できる

✓業務に少しでも関連すれば、スクールや書籍なども経費となる

第5章

福利厚生費を使い倒せ！

￥ 福利厚生費は格好の利益調整弁

企業の節税策で、大きなポイントとなるのが、福利厚生費だといえます。

福利厚生費というのは、うまく使えば格好の節税アイテムとなります。

福利厚生費は、役員報酬のように「1年間にどれだけ」という制約はありません。だから**儲かったときにはたくさん使い、儲からないときには減らすことで、利益調整弁となりうるのです。**

日本の中小企業のほとんどは、社長が株主を兼ねているオーナー企業です。そして家族が役員や従業員として働いています。それらの企業にとっては、福利厚生を充実するということは、すなわち会社の金を使って家族の生活を充実させるのと同意語になります。

福利厚生費というのは、ご存知のように会社の従業員の福利厚生などにかける費用です。

この福利厚生費は、税法上けっこう広範囲に認められています。

福利厚生というと、健康診断や慰安旅行などしか思い浮かばない人も多いでしょう。しかし、福利厚生の範囲はそんなものではありません。コンサートのチケット、スポーツジムの会費などのレジャー費、アパート、マンションなどの住居費などもOKなのです。はては、夜食代や昼食の補助まで適用されるのです。**社員の衣食住の大半は、福利厚生で賄えるといっても過言ではありません。**

それなのに中小企業の場合、あまり福利厚生費をうまく使っていません。

中小企業の経営者は、えてして「福利厚生というのは、お金に余裕のある大企業が行なうもの」と思っているようです。もちろんそんなことはありません。むしろ、**労使に制約の少ない中小企業こそ、福利厚生をうまく活用すべきだといえます。**

また家族企業の場合は、福利厚生を行うことは公私混同のように見られるのじゃないか、という心配から福利厚生を活用していないことも多いようです。

たしかに、家族企業の場合は、福利厚生と生活費は紙一重のようなものです。でも、きちんと手続きさえ踏んでいれば、税務署から「公私混同」などと指摘されることもないのです。

本章では、福利厚生費の賢い使い方を紹介していきたいと思います。

〝住宅の会社借り上げ〟というウルトラ節税策

福利厚生費でもっとも節税効果の大きいものは、住宅の借り上げです。

簡単にいえば、「役員や社員が住んでいる家（部屋）を会社が借り上げて、社宅として役員や社員に貸す」というものです。

当然、会社が家賃の大部分を負担します。

通常、会社が社員（役員含む）に経済的恩恵を与えた場合は、それは給料に加算されることになっています。だから、会社から経済的恩恵を受けた役員、社員は、給料を増額されたのと同じように、税金も加算されるわけです。

しかし、「一定の要件を満たした『経済的恩恵』であれば、給料とはみなさなくていい」という制度があるのです。つまり、会社から経済的恩恵を受けても、役員、社員の税金は加算されないということです。それが、税法上の〝福利厚生費〟なのです。

そして、**住宅の借り上げというのも、税法上の福利厚生費として認められています。次項で説明する一定の要件を満たしていれば、会社が役員、社員に住宅を提供しても、それは給料とはみなされないのです。つまり、会社は福利厚生費として損金計上できるうえに、社員にも税金の加算がなされません。**

これは、役員や社員にとっても、大変お得な制度です。

たとえば、ある会社の役員が家賃12万円のマンションを借りているとします。

このマンションを会社が借り上げて、「社宅」として役員に貸し与えていることにします。役員が12万円の30％、つまり3万6千円程度払っていれば、会社が払っている家賃は役員報酬とはみなされないのです。

つまり会社が肩代わりしている家賃月8万4千円は、「税金のかからない給料」なのです。年間にすれば100万8千円にもなります。

もし、この100万8千円を普通に給料としてもらえば、税金、社会保険料合わせて、そのうちの4割近く、つまり、40万円も国に取られてしまうのです。この住宅借り上げ制度は、社長1人の会社や、家族だけで経営している会社にも適用されます。

¥ "住宅の会社借り上げ"の注意事項

会社が住宅の借り上げをする場合、その住宅を借りる社員（役員を含む）は、一定の金額を会社に払わなければなりません。会社が家賃の全額を払ってしまえば、給料とみなされます。家賃を全部払ってもらうのは社員にメリットが大きすぎるので、給料と同じ扱いになるのです。

社員が払う一定の金額は、以下のとおりです。

小規模住宅の場合（木造132㎡以下、木造以外99㎡以下）

①その年度の建物の固定資産税の課税標準額×0.2％
②12円×その建物の総床面積の坪数
③その年度の敷地の固定資産税の課税標準額×0.22％

小規模住宅の場合、①②③の３つの計算式で出された金額を足した金額の「半額以上」を社員が払っていればいいのです。

それが、だいたい市場家賃の15％になります。役員の場合は、社員の倍額（つまり市場家賃の約30％）を払わなければなりません。

一般住宅の場合（小規模住宅以外の場合）

a．その年度の建物の固定資産税の課税標準額×1％

b．その年度の敷地の固定資産税の課税標準額×0．5％

小規模住宅以外の一般住宅の場合は、ａとｂの２つの計算式で出された金額を足した金額です。ただし、床面積が２４０㎡を越え、プールなどの贅沢《ぜいたく》な施設がある「豪華住宅」の場合は、役員は家賃を全額支払わなければなりません。

また、この方法は、**単なる「家賃の補助」ではダメです。あくまで「会社が直接借りて、そこに社員が住む」という形をとらなければなりません。**

¥ 会社の金で家を買う方法

前項で、住宅を会社の借り上げにするという福利厚生の方法を紹介しました。

しかし、これよりもっと大きな福利厚生費もあります。

それは、「会社が家を買ってあげること」です。

家を買えば、会社は相当な額の節税ができます。節税策として、かなり大技といえるでしょう。

会社が社員（役員含む）に家を買う方法は簡単です。

前項で紹介した借上げ住宅を応用するのです。先ほどの場合は、社員（役員含む）が住む賃貸住宅を会社が借り上げるということでしたが、今度の場合は、「会社が家を買い、それを社宅として社員（役員含む）に住まわせる」ということです。

昔は、社宅を持っている会社はたくさんありましたよね？

基本的には、この「社宅を所有する」ということと同じです。

実は、社長1人の会社でも、家族経営の会社でも、この方法は使えるわけです。
だから、社長1人の会社の場合は、「自分の家を会社の金で買う」という状態になるわけです。究極の節税アイテムといえるでしょう。家族経営の場合も、自分たちの家を会社の金で買うということになるわけです。

この節税方法も、会社だけではなく、家に住む社員（役員）にとっても節税になります。
たとえば、会社が5千万円（土地3千万円、建物2千万円）の家を買ったとします。社員（役員含む）は5千万円を普通に賃金としてもらえば、税金と社会保険料で約40％かかります。つまり、約2千万円かかるわけです。これを社宅として会社が購入した場合、約2千万円の節税になります。

この家は、会社のもので、個人名義のものではありません。しかし、オーナー社長の場合は、「会社のものは自分のもの」ですから、自分が持っているのと同じことです。

ただし、この家に住む場合、**前項で算出した固定資産税分の家賃は会社に払わなければなりません。**

¥ 夜食代を福利厚生費で落とす

福利厚生費には、会社が社員の食事代を出した場合、経費として認められるものがあります。

これを使えば会社の経費で食事をすることになります。

そして、会社から出してもらった食事代は社員の給料とはならないので、所得税が増えることもありません。

またこれは、会社の人数に制限があるものではないので、経営者1人だけの会社でも適用できます。

会社の経費となる食事代には、まず夜食代があります。

残業した人の食事代を会社が負担した場合、それは福利厚生費として支出できるのです。

デザイナーなど、クリエイティブ系の仕事をしている人は、夜遅くまで仕事をすることも多いでしょう。そういう会社ではぜひこの節税策を活用したいものです。

たとえば、月の半分以上残業して、毎回千円程度の夜食をとっていれば、それだけで月1万5千円、年間18万円にもなります。これを自分の財布から出すか、会社の経費から出すかで、かなり大きな差があるといえます。

また、夫婦で経営している会社があるとしましょう。夫婦ともに、毎日、夜遅くまで働いています。奥さんが、近所のスーパーで惣菜を買ってきて、夜食をつくります。この夜食代は、会社から経費で出すことができるのです。

だから、社員がいつも残業しているような会社では、「夕食代は福利厚生費で出す」ということができるのです。

ただし、**この夜食はあくまで「会社が支給した」という形を取らなくてはなりません。夜食は、会社が自前でつくるか、会社が仕出しや出前をとったものを社員に提供しなければ、福利厚生費として認められないのです。**夜食代として現金支給した場合は、福利厚生費として認められないのです。

また、夜間勤務の場合、出前などは取らなくても、1回3百円までの食事代の現金での支給は、福利厚生費の範囲内となります。

¥ 昼食代も毎月3千500円まで会社が出せる

前項では、夜食代を福利厚生費から出す方法を紹介しました。

「うちは残業がないから関係ない」と思った経営者もいることでしょう。

しかし、夜食に限らず、通常の昼食代でも、一定の条件を満たせば、社員には非課税となります。

一定の条件とは、

- 従業員が1食当たり半分以上払うこと
- 月3千500円以内であること

です。

つまり毎月3千500円までは、昼食代として支出できるのです。年間にすると、4万2千円になります。馬鹿になりませんね。

ただし、**夜食と同様に3千500円を単に現金としてもらえば、社員は課税されてしまいます。非課税となるのは、会社を通じて仕出しや出前などを取ってもらった場合のみです。**

たとえば、ある会社で、社員（役員含む）が会社で20回、昼食をとっているとします。社員は会社を通じて出前を頼みます。そして、会社は1回あたり175円を出してやります。だから700円の親子丼を注文すれば、社員は525円を出せばいいというわけです。

また家族で経営している会社が、昼食をつくって社員に支給したとします。その場合、材料費のうち毎月3千500円までを会社から出し、社員からは昼食費として3千500円以上を徴収すればいいのです。

福利厚生費で社員の食事代を支出するには、特別な手続きはいりません。会社の決まりになっていればOKです。

ただし、**「会社の決まり」ということを客観的に証明するために、念のため就業規則に定めておいたほうがいいでしょう。**

¥ ライブチケットを会社の金で買う

レジャー費も福利厚生費で出すことができます。

このレジャー費には「どこからどこまでならば福利厚生費として認められる」という明確な基準はありません。「世間一般で福利厚生として認められる範囲」ということになっています。会社としては使いづらい面もありますが、これを使わないのはもったいない話です。

基準としては、大企業、官庁で取り入れられている福利厚生ならば、中小企業が取り入れてもまず大丈夫です。スポーツ観戦、コンサートなども、その範囲内と考えていいでしょう。プロ野球のチケットを福利厚生として配布する大企業などは多いですからね。また役所の福利厚生で観劇などもあるので、もちろんコンサートでも大丈夫でしょう。

福利厚生費で気をつけなければならない点は、「一部の社員のみが対象になっていてはダメ」ということです。ですから、社長1人しかいない会社では、社長1人で行ってもいいわけです。ただし、ほかに社員がいる場合は、みんなに同等の福利厚生をしなければなりません。

また、あまり頻繁に行くとマズイでしょう。福利厚生費は、世間一般の常識の範囲内ということなので、毎週コンサートに行ったりするのは、ちょっと常識からはずれますからね。年に数回というところが妥当でしょう。

そして、次のように、就業規則にきちんと定めておくことです。

「この会社では社員に年に○回、観劇費用を出す」

また、このチケット代は、会社が購入し、それを社員（役員）に配付するという形を取らなくてはなりません。社員（役員）が自分で購入し、会社はその代金を後から支給するという形であれば、社員（役員）に対する給料（報酬）という扱いになります。

だから、**「会社が購入→社員に配付」という形は絶対に崩さないでください。** 社長1人の会社などでは、結局、自分で買って自分でもらう、ということになるでしょうが、形式は守らなくてはなりません。

領収書なども、個人宛ではなく、会社宛でもらっておいたほうがいいでしょう。

¥ スポーツジムに会社の金で行く

前項では、ライブチケットなどが福利厚生費で落とせることを紹介しましたが、スポーツジムなどの会費も落とすことができます。

昨今では健康志向もあり、仕事が終わってからスポーツジムに行くビジネスマンも多いようです。**スポーツジムの会費は、最低でも月額1万円くらいするので、これを会社の経費で落とせれば、かなりありがたいはずです。**

スポーツジムの会費を福利厚生で出している企業はいくらでもありますし、官庁でもスポーツジムの法人会員になっているケースもありますので、もうこれは堂々と使えるものだといえます。

また、スポーツジムを利用する社員の給料扱いにされないので、所得税もかかりません。

ただ、月々の会費は福利厚生費として損金処理することができますが、入会金は資産として計上しなければなりません（あとで返却されないものは、加入期間で償却する）。

これは、経営者１人の会社でも当然適用できるものです。

ただし、**役員など特定の人しか利用できない場合は、その特定の人の給料になり、所得税がかかります。**

経営者１人の会社では、必然的に経営者１人しか利用していないことになりますが、もし社員が入ってきても、その社員も利用できることになっていれば大丈夫です。

スポーツジムの会費を会社の経費で落とすのに、特別な手続きはいりませんが、就業規則に記載しておくほうがいいでしょう。

とくに、経営者１人の会社は、個人的支出と会社の経費との区別に関して税務署は厳しくチェックするので、その点は厳密にしておくに越したことはないからです。

スポーツジムは、法人会員というような制度があるところが多いので、なるべくならば法人会員に入るといいでしょう。ただし、法人会員のないジムや、社長１人の会社などで、法人会員のほうが高くつく場合は別です。

¥ 慰安旅行を使いこなそう！

福利厚生費の主要項目として、慰《い》安《あん》旅行があります。

税制上一定の要件を満たせば、会社の慰安旅行の代金は、福利厚生費として損金経理できるうえに、社員も給料としての加算はありません。

慰安旅行の条件というのは、4泊5日以内であり、社員の50％以上が参加するというものです。海外旅行でも現地泊が4泊5日以内であればＯＫです。

この慰安旅行は、家族だけで経営している会社でも、上記の条件さえ満たしていれば福利厚生費として処理できます。ただし、社員以外の家族が一緒に行く場合は、その分の旅費は出せません。たとえば、子供を連れて行くことなどが挙げられます。

また、社長1人で経営している会社が慰安旅行をするのは、ちょっと難しいでしょう。

慰安旅行というのは、従業員同士の親睦という意味がありますので。

慰安旅行は、社員にとっても節税となります。

たとえば、シンガポールに社員5名で4泊5日の社員旅行をします。旅費の1人当たり12万円、合計60万円は、もちろん会社持ちです。

もし、これを自分のお金で行ったとすると、そのお金は自分の給料から出すわけなので、税金、社会保険料含めて1人3万～4万円がかかっていることになります。しかし、会社から慰安旅行として出してもらえば、この3万～4万円は出さなくていいのです。家族経営の企業などの場合は、それが即、家族の収入増につながるわけです。

もちろん家族経営の企業じゃなくても、慰安旅行は会社と社員両方の節税になりますし、社員の勤労意欲増進にもつながるわけです。

「会社の人と一緒に旅行をしても、気疲れするだけ」という若い社員も多いようですが、旅行のほとんどを自由行動にするなど、工夫次第でなんとかなるでしょう。

社員旅行をするのに、特別な手続きはいりませんが、一応、就業規則のなかにうたっておいたほうがいいでしょう。

とくに、社長も従業員も家族という企業の場合は、税務署の目も厳しくなるので、就業規則のなかに「年に1回、慰安旅行を行う」などの項目を入れておいたほうがいいでしょう。

¥ 視察旅行、研修旅行の裏ワザ

前項では、慰安旅行を会社の損金で落とす方法を紹介しましたが、慰安旅行のような全社員が行かなくてもいい、自由度の高い旅行を会社の経費で落とす方法もあります。

それは、会社の業務で旅行するということにする方法です。会社の業務であれば、当然、旅行代は会社の金で出すことができます。

「うちの会社はそうそう出張する用事などない」と思った人も多いことでしょう。でも、出張する用事というのは、つくろうと思えばいくらでもつくれるわけです。直接の仕事だけじゃなく、視察で旅行をしてもいいわけです。

「マーケティングのため」

「先進技術の視察のため」

などとすれば、日本の国内のいろんな地域に行ける用事ができます。またビジネスが国際化している昨今です。

「中国に進出したいので、その視察をした」

「東南アジアの市場を開拓調査のために」

などということにすれば、それは十分に会社の業務として成り立つでしょう。

この手法は、もともとは議員や役人が使っているものです。税金で旅行するのではなく、自社の費用で旅行するのだから、彼らよりはよほど良心的とさえいえるのです。だから、儲かったときくらい視察旅行をしても罰は当たらないというものです。

ただし、会社の業務で旅行をするのですから、会社の業務という体裁は整えなくてはなりません。**実際に会社の業務に関係する視察も行わなければなりませんし、出張中の記録も残しておかなければなりません。日程の半分以上は、視察関係のことが入っていなければならないのです**（視察のついでに観光旅行した分までは咎《とが》められることはありません）。

もちろん、家族などを同伴しても、自分の分だけしか旅費は出せません。しかし、家族が社員だった場合、会社の業務としての旅費は出せますが、「これも会社の業務」という建前がなければなりません。また、家族を同伴した場合、明らかに〝家族旅行〟ということであれば、税務署から否認されるおそれがあります。

¥ 会社の金でプライベート旅行をする

前項まで、慰安旅行や視察旅行の紹介をしてきましたが、これらの旅行には若干の制約があるので、「純然たるプライベート旅行に会社の金で行きたい」と思う人もいるでしょう。もちろん、できればそれに越したことはありません。

実際、可能かどうかというと、全額は無理なものの、ある程度は可能なのです。一定の条件をクリアすれば、純然たるプライベート旅行に、会社が補助的なお金を出すことも可能です。そして、社員にとっても給料には加算されず、税金や社会保険料がかかりません。

大企業では、保養施設を持っているところも多いものです。そういう企業の社員は、観光地や保養地で格安で宿泊することができます。また公務員なども公務員用の保養施設があり、同じような恩恵を享受できます。

会社が自前で保養施設を持てれば、それに越したことはありません。福利厚生費として、保養施設につぎ込めば、社員は大きな経済的メリットを受けることができます。

中小企業ではそうそう保養施設など持つことはできません。それでは不公平です。それを補うために、社員がプライベートの旅行をした際に、その宿泊費を補助することもできるのです。

たとえば、社員が観光旅行などをした場合、１泊につき5千円は会社から補助を出してやるのです。家族にも同様の補助を出します。

それを年間20回（人数×宿泊）まではＯＫというような規定をつくっておくのです。そうすれば、年間10万円の観光費用を会社が負担してくれることになるのです。

ただし、この方法を使う場合は、気をつけなくてはならない点があります。それは、**宿泊の補助を社員に手渡すのではなく、会社がホテルや旅館などに直接申し込み、社員が会社に残りの宿泊費を払うという形態を取らなくてはならないということです**（国税局相談窓口に確認ずみ）。

社員みずからがホテルや旅館に宿泊の申し込みをして、補助金を会社が出すという形態では、給料として扱われてしまいます。

¥ 就業規則をつくろう

就業規則というのは、給料、休日、労働内容などの労働条件や、従業員が受けられる福利厚生の内容を記した書類のことです。

常時10人以上の労働者を雇用している会社や事業者は、就業規則を作成し労働基準監督署へ提出することが義務づけられています。従業員が10人以下の中小企業の場合は、つくっていないことも多いようですが、10人以下ではつくってはいけないということはありません。むしろ、労働行政側としては、あったほうがありがたいというものです。

就業規則というのは、税法の上で義務づけられたものではありません。ですから、会社で福利厚生などを行うとき、就業規則に記されていなければ、その費用は認められないということはないのです。

しかし、**就業規則に記してあれば、それなりの客観的な証拠となります。**同族会社の場合、福利厚生費と個人的支出の区別がなかなかつきにくいものです。

でも、福利厚生は福利厚生なので、妥当なものであれば、同族会社であろうが家族経営の会社であろうが、福利厚生費として認められるはずなのですが、税務署としては文句の1つも言ってみたくなる項目ではあるのです。

税務署に文句を言わせないためにも、福利厚生をするときは就業規則に明示しておいたほうがいいのです。とくに期末に施された節税策については、税務署も厳重にチェックをしますので、注意しましょう。

就業規則がある会社は、福利厚生などで施した節税策について書き加えたほうがいいでしょう。たとえば、期末にスポーツジムの法人会員になった場合は、就業規則の中に「社員はスポーツジムを利用できる」などと記しておくのです。

また、退職金の支払いなどについても明示しておくといいです。「〇十年以上勤務した社員には、最終月額報酬の〇か月分の退職慰労金を支払う」などと記載しておくのです。

104ページで説明したように、退職金も就業規則にうたってなければ認められないということはないのですが、就業規則に記されていたほうが、より客観的な証拠となるからです。

¥「福利厚生」の注意事項

これまで福利厚生を説明してきましたが、「けっこう広い範囲で使えそうだけれど、いまひとつ福利厚生として認められるものの基準がわからない」という人も多いことでしょう。

そこで、本章の最後で福利厚生の基準について、おさらいをしておきましょう。

福利厚生には、大まかに3つの基準があると思ってください。

1つは、**「社会通念上、福利厚生として認められるもの」**です。実は福利厚生費の範囲というのは、それほど厳密な線引きはされておらず、世間の価値観に委ねられています。ですから、大企業などを参考にして、それにかけ離れていないものならば大丈夫ということです。

もう1つは、「社員の誰もが同様に享受できるもの」であることです。役員など、ごく一部の人しか使えないものではダメなのです。これは必ずしも、誰もが同じだけ使わなくてはならないということではありません。たとえば、スポーツジムなどの場合、「誰もがスポーツジムに行ける状況さえ整っていればいい」のです。毎日行く社員と、まったく行っていない社員とが混在していても、「誰もが行こうと思えば行けること」になっていれば、大丈夫なのです。

最後の1つは、**「福利厚生はあくまで会社が社員に支給するという形を取らなくてはならない」**ということです。社員が自分で何かを購入したり、サービスを受けたりして、会社はお金を出すだけという形ではダメなのです。あくまで会社が購入したものや、契約したサービスを社員に支給するという形を取らなければならないのです。

この3つを守っていれば、福利厚生費として認められるといえます。

▼福利厚生費として認められるための三原則

- 社会通念上、福利厚生として許容されているもの
- 特定の社員だけが享受できるものではなく、社員全体が享受できるもの
- 会社が購入したモノ、サービスを社員に支給するという形を取ること

コラム

クルーザーは福利厚生費で落とせるか？

クルーザーの販売会社によると、最近、会社のお金でクルーザーを買う人が非常に増えているらしいのです。

大不況とかいいながら、お金はあるところにはあるものなのです。

クルーザーを買ったときに、これをどういう名目で落とすかというと、福利厚生となります。もちろん、クルーザーは固定資産であり、会計上は減価償却費として計上していくわけです。が、購入の目的は福利厚生ということになっているのです。

クルーザーは、節税アイテムとしてかなり優れています。クルーザーは、安くても数百万円、高いものは億単位の値段がつきます。それにもかかわらず、耐用年数が非常に短く設定されているのです。クルーザーの耐用年数は、モーターボートが4年、ボート・ヨットが5年なのです。購入費用が1千万円前後しますから、初年度の減価償却費だけで相当な額になるのです。

たとえば1千万円のクルーザー（モーターボート）を買った場合、1年目から438万円もの減価償却ができるのです。

しかし、「そもそもクルーザーは福利厚生として認められるか？」という問題もあります。何度か触れましたように、福利厚生というのは、「社会通念上、福利厚生として認められるかどうか」ということが重要なポイントになってきます。この「社会通念上」という概念はクセモノで、時間の経過によっても変わってきます。昔だったら認められなかったものが、認められることもあります。たとえば、会社の慰安旅行で、昔は海外旅行は認められていませんでしたが、今は認められるようになっています。クルーザーも、昔だったら絶対ダメでしょうが、今だったらもしかしたら認められるかもしれません。筆者は、現在のところ、クルーザーが税務署から否認されたという話も聞きませんし、またクルーザーに関して税務訴訟が行われたという事実もありません。しかし、もしかしたら今後、否認されることがあるかもしれません。

だから、**筆者としては、「クルーザーを買えば節税になりますよ」と明言することは、まだできないという状態です。**

第5章のまとめ

✔福利厚生費は健康診断や慰安旅行だけではなく、幅広い

✔労使の制約の少ない中小企業こそ、福利厚生費を使いこなすべき

✔福利厚生費で節税効果がもっとも高いものは、住宅の会社借り上げ

✔会社に家を買ってもらうこともできる

✔社員の食事代も経費として認められる

✔レジャー費も福利厚生費となる

✔就業規則の中に、福利厚生費も定めておこう

✔福利厚生には３つの基準がある

第6章

これが最新の節税アイテムだ！

¥ 新しい節税アイテムを使いこなせ！

「節税」は、情報戦でもあります。

なぜなら節税の方法は、時代によってどんどん変わっていくからです。もちろん、節税方法の中には変わらないものもありますが、変わっていくものも多々あるのです。その情報をうまくつかみとっていくことが、上手に節税をするコツでもあります。

また、節税策のなかには、国が経済政策的に行っているものもあります。

これは、国が、特定の条件を満たした者の税金を安くすることによって、経済を活性化させようという趣旨のものです。

たとえば、現在、従業員を増やせば、法人税が減額になるという制度があります（184ページを参照）。また、太陽光発電の設備を取り付けたり、電気自動車を購入すると税金が安くなるという制度もあります（次項を参照）。

これらの制度のなかには、かなり大型の節税策もあり、知っているのと知らないのとでは、大きな違いがあります。しかも、国は毎年のように新しい節税制度をつくっています。だから、税理士でも、これらの制度を全部知っていることは少ないようです。

本章では、現在、実施されている国の減税特例のうち、普通の企業が使いやすいもの、節税効果が高いものを集めてみました。

国のつくった減税制度のほかに、民間が開発した節税アイテムもあります。これは、ある金融商品を買えば、その購入費用が損金として計上でき節税になるものです。しかも、その商品は貯蓄性の高いものなので、言い換えれば「貯金したお金を経費で落とす」というようなものです。

これらの節税アイテムは、あとで当局から規制されることもあります。**節税アイテムは、その規制の網からすり抜けるように変転していくので、毎年のように仕組みが変わっていくのです。ですから、普通の人には、なかなかわかりにくい面があります。**

そこで、これらの節税アイテムについて、現在もっとも使いやすいものを本章で紹介していきます。

¥ 太陽光発電、電気自動車で大幅節税

現在、太陽光発電を設置したり、電気自動車を買ったりすれば、大幅に節税になるという制度があります。

これは「環境関連投資促進税制」と呼ばれる制度で、青色申告をしている企業が、太陽光発電、電気自動車など特定の環境関連資産を購入すると、取得価額の30%を通常の減価償却費に上乗せできる（特別償却）というものです。

資本金1億円以下の法人は、特定の環境関連資産の取得価額の7%を法人税額から控除すること（税額控除）もできます。

また、太陽光発電、風力発電に限っては、購入した事業年度で、購入額の全額が損金に算入できます（発電量などに要件があります）。

たとえば、300万円で太陽光発電施設を設置した場合、その300万円がまるまる損金計上できるのです。これをもしローンで購入すれば、お金は出て行っていないのに、3

00万円もの損金が計上できるのです。急に儲かったときの節税策としても、かなり使えるものだと思われます。

思った以上に儲かった企業は、この際だから太陽光発電を設置してみたらどうでしょう？

節税だけではなく、節電にもなりますし、「環境に配慮した企業」ということで、社会的な信用も上がることでしょう。

先の東日本大震災のこともありますし、電気を自前で確保するというのも、これからの企業にとっては大事なことかもしれません。

電気自動車も対象となっているので（これは全額償却できませんが）、営業車として電気自動車を購入するのもいいでしょう。取引先に電気自動車で訪問すれば、1つ話題ができますからね。ほかにも風力発電、プラグインハイブリット自動車、エネルギー再生型ハイブリッド自動車なども対象になっています。

この制度は、今のところ平成26年3月31日までの時限的なものとなっています。延長される可能性もありますが、もし取り入れたいと思っている人は、早めに決断したほうがいいでしょう。

風力発電、ハイブリッドカーも節税の対象になる

「環境関連投資促進税制の概要」「対象となる資産」は次のとおりです。

■環境関連投資促進税制の概要

特別償却の対象者	青色申告をしている法人
税額控除の対象者	青色申告法人で資本金3,000万円以下
特別償却額	取得価額の30%（一部の設備については通常の減価償却と合わせて100%まで）
税額控除	取得額の7%（法人税額の20%が限度）
適用期間	平成26年3月31日までに購入したもの

■対象となる資産

特別償却（30%）か税額控除（7%）の対象となるもの	全額が特別償却となるもの
・太陽光発電設備でその出力が10キロワット以上であるもの、風力発電設備でその出力が１万キロワット以上であるもの （電気事業者による再生可能エネルギー電気の調達に関する特別措置法第３条第２項に規定する認定発電設備に該当するものに限る） ・水熱利用設備、雪氷熱利用設備、バイオマス利用装置 ・熱併給型動力発生装置、コンバインドサイクル発電ガスタービン、高効率配線設備、高効率複合工作機械、ハイブリッド建設機械、高効率電気式工業炉、断熱強化型工業炉、高性能工業炉廃熱回収式燃焼装置、プラグインハイブリット自動車、エネルギー回生型ハイブリッド自動車、電気自動車、電気自動車専用急速充電設備、ガス冷房装置、高効率型電動熱源機 ・エネルギー合理化の建物設備 （高断熱窓設備、高効率空気調和設備、高効率機械換気設備、照明設備） ・エネルギー使用制御設備 （測定装置、中継装置、アクチュエーター、可変風量制御装置、インバーター、電子計算機）	・太陽光発電設備でその出力が10キロワット以上であるもの、風力発電設備でその出力が１万キロワット以上であるもの （電気事業者による再生可能エネルギー電気の調達に関する特別措置法第３条第２項に規定する認定発電設備に該当するものに限る）

デジタル複合機を買って節税

これも期間限定ながら、デジタル複合機など特定の固定資産を購入すれば、節税になります。

これは**「中小企業投資促進税制」と呼ばれる制度で、一定の要件を満たした中小企業が、特定の固定資産を購入すると、取得価額の7%を法人税額から控除するか（税額控除）、取得価額の35%を通常の減価償却費に上乗せできる（特別償却）というものです。**

たとえば、200万円のデジタル複合機を購入し、税額控除を受けた場合、14万円の節税になります。これに加えて減価償却も普通に行われます。

デジタル複合機の場合、耐用年数は5年であり、定率法による償却率は0・369なので、73万8千円です。税額控除分と合わせると、100万円以上の所得を減額したのと同じことになります。

対象となる固定資産というのは、デジタル複合機、コンピュータ、測定検査器具、ソフトウェア、貨物運搬用の自動車、船舶《せんぱく》などです。この制度は、期末に固定資産を購入したとしても、特例部分は満額適用することができますので、期末の節税策としても有効です。

たとえば、決算月にソフトウェアを100万円で購入したとします。アプリケーションソフトの耐用年数は5年ですので、償却率は定率法で40%（定額法で20%）で、減価償却費は40万円です。期末に購入していますので、使用期間が1か月として、40万円を12で割るので、減価償却費として計上できるのはわずか3万円ちょっとです。

しかし、この特例を使えば、取得価額の35%を上乗せして減価償却できるので、本来の減価償却費約3万円に35万円をプラスして、合計約38万円もの減価償却費を計上することができるのです。期末に100万円の物を買って、38万円分の減価償却できるのは、非常に効率がいいといえます。これをローンで買えば、お金は出ていかないのに、利益（所得）だけ減らすこともできます。

資本金3000万円以下の企業は、税額控除にするか特別償却にするかを選択できます。特別償却のほうが初年度の減価償却費は多く計上できますが、トータル的には税額控除のほうが得になります。

なぜならば、税額控除の場合は、減価償却と別枠で税額を控除するものですが、特別償却は、減価償却が普通よりも早く計上できるからです。

中小企業投資促進税制の概要

中小企業投資促進税制の概要は次のとおりです。

摘　要
—
—
性能について一定の要件がある。少額減価償却資産、一括償却資産の対象としたものは除外
—
ソフトウェアの性能、内容等について要件がある
貨物の運送の用に供される普通自動車で車両総重量が3.5トン以上
内航海運業の用に供されるもの

特別償却の対象者	青色申告法人で資本金1億円以下
税額控除の対象者	青色申告法人で資本金3000万円以下
対象とならない事業者	料亭、バー、キャバレー、ナイトクラブ等娯楽業（映画業以外）、レンタル事業者等
特別償却額	取得価額の35%
税額控除額	取得価額の7%（法人税額の20%が限度）
適用期間	平成26年3月31日までに購入したもの

固定資産の種類	取得の要件
機械及び装置	1台または1基の取得価額が160万円以上
インターネットに接続されたデジタル複合機	1台または1基の取得価額が120万円以上
電子計算機	1台または1基の取得価額が120万円以上。もしくは取得価額の合計が1事業年度で120万円以上
測定工具および検査工具、試験または測定機器	1台または1基の取得価額が120万円以上。または1台または1基の取得価額が30万円以上で取得価額の合計が1事業年度で120万円以上
ソフトウェア	一のソフトウェアの取得価額が70万円以上、または1事業年度において取得価額の合計が70万円以上
車両運搬具	
船舶	取得価額の75%が対象となる

※2013年4月1日現在

¥ 従業員を増やしたら税金が安くなる

これも平成26年3月31日までの時限的な制度ですが、「新しく人を雇用した企業は税金が安くなる」制度があります。これは「雇用促進税制」と呼ばれるもので、具体的にいえば「前事業年度に比べて従業員の数が10％以上、および5人以上増加している企業は、増加した人1人当たり20万円、法人税が安くなる」という制度です。

しかも、資本金1億円以下の中小企業では、2人以上増加すれば、いいのです（ここでいう従業員は、雇用保険の一般保険者でなければなりません）。

つまり、従業員が2人以上増えた企業（中小企業の場合）は、最低でも40万円も法人税が安くなるのです。節税のためにわざわざ雇用するほどの制度ではありませんが、従業員を増やそうと思っている企業にとっては、有効な制度だといえます。

もし新設企業などで、毎年、人員を増やしているところは、だいたいこれに当てはまると思われます。そのため、忘れずに利用したいものです。

また現在、中小企業にはハローワークを通じて従業員を増やすと、助成金をもらえるという制度もあります。これと合わせると、格安で従業員を雇用できますので、従業員を増やしたい事業者は今がチャンスかもしれません。適用条件は次のとおりです。

適用対象者…青色申告をしている事業者（風俗営業等を除く）
適用条件……事業年度末の従業員のうち雇用保険の一般被保険者数が、前事業年度に比べて10％以上および5人（資本金1億円以下の中小企業は2人）以上、増加していること
税額控除額…増加した雇用保険一般被保険者数1人につき20万円
控除限度額…当期の法人税額の10％（資本金1億円以下の中小企業は20％）
適用期間……平成26年3月31日まで

このほかにも、ハローワークに雇用促進計画を提出するなど、若干の手続きが必要です。詳細は、ハローワークに問い合わせてください。

会社から生命保険に入る

昨今、ビジネスマンのほとんどは生命保険に入っているでしょうし、とくに中小企業の経営者などは、多額の生命保険に入っているかと思われます。この生命保険、実は会社の経費から出すことができます。

会社から入る生命保険は、掛け金を会社が払い、受取人が本人（もしくは本人の家族）になっていれば、給料として取り扱われますが、受取人が会社になっていれば、会社の経費とすることができるのです。

むしろ、経営者や役員の生命保険に会社が入っておくのは、節税抜きにしても必要なことかもしれません。経営者や役員が急に死亡したりすれば、会社は大きなダメージを受けますからね。その手当は日ごろから当然しておくべきでしょう。

受取人が会社になっていても、本人や家族に保険金を与えることも可能です（税金をあ

■生命保険の経理方法

保険の種類	受取人	経理方法
掛け捨て	被保険者	全額損金に計上（被保険者の給与として）
掛け捨て	会社	全額損金に計上
積立部分あり	被保険者	全額損金に計上（被保険者の給与として）
積立部分あり	会社	保険部分は損金計上し、積立部分は資産に計上

まりかけずに）。

会社がいったん受け取ったあと、本人（もしくはその家族）に退職金などとして払えばいいのです。

また、社員全員にかけてある生命保険であれば、受取人が社員かその家族であっても、福利厚生費で落とすことができます。

ただし、**役員などの一部の社員しか加入されていない場合は、会社の経費とは認められずに、本人の給料扱いとなるので注意を要します。**

どうせ生命保険に入っているのならば、会社の経費で落としたほうが得ですし、節税になります。

生命保険の経理処理の注意事項

生命保険には積立金（生存受取金）が付随しているものが多いのですが、会社からこの手の生命保険に入った場合、積立金部分は資産として計上しなくてはならないので注意を要します。

ですから、会社の経理処理としては、掛け金のうち保険部分と積立部分を区分して、保険部分は経費で落とし、積立部分は資産に計上しなければなりません。

生命保険にはさまざまな商品があり、損金に算入できる額と、資産に計上しなければならない額が、細かく定めてあります。

たとえば、**死亡保険金と生存保険金の同額が受け取れる養老保険では、死亡保険金、生存保険金の受取人がそれぞれどうなっているかで、経理の処理方法が違ってきます。**

また、逓増定期保険《ていぞうていきほけん》では、被保険者の年齢によっても経理処理が細かく定められています。これらについては、保険会社の外交員なども、よく知らないケースがあります。

■養老保険の経理方法

受取人	経理方法
死亡保険金、生存保険金ともに受け取り人が会社	資産に計上
死亡保険金、生存保険金ともに受取人が被保険者もしくはその遺族	全額損金に計上（被保険者の給与として）
死亡保険金の受け取りが被保険者の遺族で、生存保険金の受け取りが会社	２分の１を資産に計上し、残額は期間の経過に応じて損金に計上

保険の取り扱いについては、税法の取り扱いが頻繁《ひんぱん》に変わります。保険会社の外交員は保険を売ることばかりを考え、よく確認せずに「これは節税になる保険」などと言って、売り付けているケースも多々あります。

保険の経理処理の誤りは、税務調査での否認事項では非常に多くみられるものです。そのため、この点は、注意を要します。保険外交員や税理士によく確認し、場合によっては、税務署で確認してもらってもいいでしょう。

また生命保険では、会社の節税のための商品を開発しています。これは次項でくわしく紹介します。

¥ 買うだけで税金が安くなる「節税商品」とは？

あまり知られていませんが、世間には、節税商品というものがあります。知っている人は把握していると思いますが、一般人にとっては、あまりなじみのないものでしょう。節税商品とは、「それを購入すれば節税になる金融商品」です。

「節税のために何かを購入するのなら、税金は安くなっても、経費が増えるから本末転倒じゃないか？」

と思う人もいるでしょう。しかし、節税商品というのは、普通の商品ではないのです。いったん、購入した後、何％かの手数料を引いて、あとでお金が戻ってくるのです。そして、購入した時は、その全額が経費に計上できるようになっているのです。

具体的にいうと、**節税商品で有名なものに生命保険があります。**

ある生命保険に加入すると、掛け金が会社の経費で落とせるのに、一定期間が過ぎると掛け金のほとんどが戻ってくるようなものです。しかも、合法的なので、当局も手が出せ

ません。

この節税商品、アメリカではタックスシェルターなどと呼ばれ、さまざまな商品が開発されております。タックスシェルターとは「税金を隠すもの」という意味です。この分野でも、アメリカは先進国なのです。

しかし、節税商品には、長短両面があります。

というのも、節税商品は税務当局から見れば、憎たらしい存在です。節税商品というのは、税法の規制をかいくぐるものなのです。

そのため、節税商品ができると、税務当局はその商品を規制するような法律をつくります。ですから、せっかく節税商品を買っても、すぐに使えなくなるということが、しばしばあります。これまでも、節税商品は出回るたびに当局が規制する法律をつくって骨抜きにしてしまい、また保険会社が新しい節税商品をつくるというパターンを繰り返してきています。

ただ、**購入した時点で違法ではなければ、買った商品は使えます。**この分野を研究しておくのも、悪くはありません。

逆養老保険を使った「節税商品」とは？

前項で紹介した節税商品のうち、生き残っているもので代表的なものは、逆養老保険です。

逆養老保険というのは、普通の養老保険は、死亡保険金の受取が本人（役員、社員の遺族）、満期保険金の受取が会社になっているのを逆にして、死亡保険金の受取を会社、満期保険金の受取を本人（役員、社員）にした保険のことです。

普通の養老保険では、掛け金の半分しか会社の経費にはできませんが、この逆養老保険では、全額を会社の経費にできるのです。

ただ、この逆養老保険は、死亡保険部分と、満期保険部分に分かれており、死亡保険部分の掛け金は普通に会社の経費として計上でき、満期保険部分については、対象者の給与として扱われることになっています。まあ、会社から見れば、どちらも損金として計上できるわけです。

そして、この**逆養老保険節税商品のミソは、解約返戻金が非常に高いことです。保険に加入して、４～５年後には、90％以上の解約返戻金がもらえるのです。**

だから、会社から見れば、この逆養老保険の掛け金は、「経費として計上できる貯金」のようなものなのです。

たとえば、毎月３万円の逆養老保険に入ったとします。年間の掛け金は36万円です。これに10年間加入したとすると、掛け金は３６０万円になります。これを全額、会社の経費で落とせるのです。

そして、解約すれば３百数十万円の返戻金がもらえます。つまり、掛け金を全額経費で落としながら、３百数十万円の貯蓄をしていたのと同じことになります。

先に紹介した経営セーフティ共済と似たようなメリットがあるのです（経営セーフティ共済のほうが、掛け金が１００％戻ってくるので有利ですが）。

この逆養老保険にいくつか入れれば、すぐに年間数百万円の利益（所得）を減らすことができます。もちろん、解約返戻金を受けたときには、それは利益に加算されますが、**一時的な節税としては非常に使えるのです。**

¥ 逆養老保険で節税するときの注意事項

この逆養老保険の節税商品を使えば、儲かったときの利益を将来に繰り越すことができます。**経営セーフティ共済の場合は年間２４０万円が限度ですが、逆養老保険の場合は限度がないので、やろうと思えばいくらでも利益減らしをすることができます。**

ただし、この逆養老保険の節税商品に関しては、注意しなければならないことがいくつかあります。それは、この逆養老保険の節税商品に関して、税務当局が〝明確に〟お墨付きを与えたわけではないということです。

現在は、暗黙の了解のような形で、会社は逆養老保険の掛け金を損金経理していいかのようになっていますが、税務当局はこの経理処理に関して明確にゴーサインを出したわけではないのです。

逆養老保険節税商品に関しては、別件で税務訴訟が行われていて、間接的に、その経理処理が認められたという経緯はあります。

会社が掛けた逆養老保険で一時金を受け取った役員が、一時所得に関して必要経費を認めるように起こした裁判において、裁判所はこの役員の訴えを退けたのですが、会社が逆養老保険の掛け金を損金経理していることについて、裁判所はまったく問題としなかったのです。そうはいっても、税務当局が認めたわけではなく、いつか税務当局がノーと判断をすることも考えられます。

また、この逆養老保険の仕組みそのものに、実は不安定な要素があります。というのも、「満期保険金部分については、対象者の給与とすることになっているものの、解約返戻金は、対象者に分配しなくていいのか？」という問題があるのです。

逆養老保険は「掛け金を数年後に解約返戻金として受け取る」という節税スキームですが、「掛け金の一部分は、対象者への給与として支払われたことになっているのに、解約返戻金を全額会社がもらうのは、おかしいのではないか」という論理です。

この逆養老保険の節税商品は、今のところオーナー社長の会社がおもに使っており、保険の対象者もオーナー社長やその家族に限られているので問題化していませんが、経理処理の面で明らかに矛盾があり、それは課税にも関係してくることなので、**いずれ税務当局から何らかの指摘を受けることになるかもしれません。**

¥ 沖縄はミニ・タックスヘイブンだ！

タックスヘイブンという言葉をご存知でしょうか？

南太平洋地域のケイマン諸島など、税金が非常に安い地域、国々のことを指します。これらの地域に設立された会社には、法人税などがほとんどかかりません。

そのため、投資ファンドなどがここに本籍地を置くというケースが非常に増えています。こういう小国は、自国に企業を誘致することで、産業を成り立たせようと、税金を安くしているわけです。タックスヘイブンに似た地域が、実は日本にもあります。それは沖縄です。沖縄も、日本では産業があまり発展していませんから、税金を安くして企業を誘致しようというわけです。

沖縄の税優遇制度は、簡単にいえば次のようなことです。

「沖縄の那覇市と沖縄市に設置されている特定の地域『国際物流拠点産業集積地域』に、特定の企業がきた場合は法人を設立してから10年間、法人税の40%を割り引く。対象となる企業は、青色申告をしていて、貿易に関連する製造、卸売、倉庫業、こん包業、道路貨物運送業をしているもの」です。ほかにも不動産取得税や固定資産税、事業所税なども優遇されています。**アジア諸国に進出しようと思っている中小企業も多いと思いますが、まずは沖縄を検討してみてはいかがでしょう？**

沖縄ならば、東京、大阪などに比べて人件費や土地代もかなり安いです。それに法人税が40％も安いというのは、かなり大きいのではないでしょうか？　だいたい半額ということですからね。

またこの制度では、関税法の優遇措置や、若年労働者の雇用助成金なども付随しています。

沖縄は、中国、東南アジアにも近いので流通の拠点としても使えるでしょう。また地震が少ないので、その点でも安心です。下手に国外に移転すれば、治安の問題や外交の問題で、大損をすることもありますし、そういう心配のない沖縄に移転というのもアリなのではないでしょうか。

以前はこの制度のほかにも、通信事業や金融事業に関して、税制優遇措置があったのですが、それらは平成24年で終わってしまいました。

第6章のまとめ

✓節税の方法は次々と変わるので、常に最新の情報を把握しておくことが重要

✓時限的な制度をうまく利用する

✓生命保険会社の節税商品は早めに利用しておく

✓沖縄は外交リスクがないタックスヘイブン

第7章

消費税だって安くできる

¥ 消費税も節税できる！

消費税は赤字でも払わなければならないので、企業にとってはけっこうシンドイですよね。しかし、消費税というものは、なかなか節税できないようになっています。売上と仕入に対して決まった割合で生じる税金ですからね。

法人税を節税するために経費を増やせば、必然的に消費税の節税にもなりますが、消費税単体ではなかなか減らすことができません。

しかし、**消費税単体での節税方法も実はあるのです。それは給料の払い方を変えることです。**消費税の納税額というのは、売上のあったときに客から預かった「預かり消費税」から、仕入や経費の支払いのときに支払った「支払い消費税」を差し引いた残額ということになります。次の数式のとおりです。

消費税の納税額＝「預かり消費税」－「支払い消費税」

そのため、事業者は消費税を納税するとき、仕入や経費のときにどのくらい消費税を払ったのかの総額を計算することになります。

この計算は、単純に考えれば、「仕入れなどの経費×8％」で算出されます。しかし、**経費の中から人件費は除かなければなりません。**なぜなら、人件費は、事業者にとって支払い経費ではありますが、消費税はかからないからです。

そのため、支払い消費税は、次の数式で計算しましょう。

「支払い消費税」＝「支払経費－人件費」×８％

人件費には、課税仕入れ（消費税の計算上、課税売上から控除される仕入金額）に「該当するもの」と「該当しないもの」があります。

そのため、**課税仕入れに該当する人件費を増やし、課税仕入れに該当しない人件費を減らせば、消費税の節税になるのです。**具体的には、次頁で説明します。

¥ 給料の払い方を変えれば消費税が安くなる！

前項で紹介した方法を具体的に説明しましょう。

人件費は、基本給のほかにさまざまな手当があります。超過勤務手当、家族手当、住宅手当、通勤手当、宿直手当、出張手当などです。

これらの諸手当は、原則として給料に含まれますし、会社の課税仕入れにすることはできません。

しかし、一定の条件をクリアしたものは、社員の給料に含めなくてよく、消費税の課税仕入れにもできるのです。

具体的には、通勤手当、出張手当などが挙げられます。これらの手当は、実際に通勤や出張にかかった費用を会社が支給したものであれば、消費税の課税仕入れにすることができるのです。また、通勤手当、出張手当は、支払った社員にとっても給料扱いにはなりません。つまり、所得税の課税対象からはずされるのです（ただし、通勤手当の非課税の上限は10万円まで)。

通勤手当、出張手当などの諸手当を出さずに、全部、給料に含めて支払う企業もあるようですが、これは得策ではありません。

通勤手当はちゃんと「通勤手当」として、出張手当はちゃんと「出張手当」として支払ったほうが、会社にとっても、社員にとっても節税になるのです。

さらに、この節税方法ではもう1つ大きなアイテムがあります。

住宅手当です。社員に対して住宅手当を支給している会社も多いと思われます。**この住宅手当も、ちょっとした工夫をすれば消費税の課税仕入れにできるのです。**

その工夫というのは、住宅手当を支給するのではなく、賃貸住宅を会社の借り上げにして、社宅として社員に住まわせるのです。

これは146ページで紹介した方法ですね。

つまり、この方法を使えば、家賃は課税仕入れにできるので、消費税も節税になるということです。

「福利厚生」を多用すれば消費税の節税になる

社員への給料を、現金支給から現物支給に変えれば、消費税を節税することができます。

第5章で説明したように、福利厚生費をうまく使えば、社員の飲食費やレジャー費などを会社の経費で落とすことができます。

つまり、社員に現金を渡す代わりに、飲食費、レジャー費などを出すのです。給料は、消費税の課税仕入れにできませんが、飲食費、レジャー費などは、課税仕入れにできますからね。

たとえば、これまで従業員の給料として1億円支払っていた会社があったとします。

この1億円の給料を7千万円に減らし、3千万円分は飲食費、レジャー費などで社員に還元したとします。この3千万円は課税仕入れにできますので、この8％つまり240万円もの消費税を節税できるのです。

またこの3千万円には、社会保険料もかかりません。なので、会社負担分の約15％の社会保険料４５０万円が節減できます。

ということは、消費税と社会保険料合わせて、６９０万円も節減できるのです。１億円に対して約７％ですよ！　人件費を約７％削減したのと同じ効果があるのです。

「現金支給の代わりに現物支給を増やす」ということは、会社側だけが勝手に決めることはできません。額面の給料は減ることになるので、従業員の同意を得なくてはなりませんからね。

しかし、これは従業員にとっても、メリットのあることなのです。給料として現金をもらえば、それには所得税、住民税、社会保険料が課せられます。

しかし、飲食費、レジャー費などの現物でもらえば、それらに税金はかかってきません。普通のサラリーマンの給料には、だいたい3割程度の税金、社会保険料が課せられているので、それを丸々払わなくて済むことになります。

だから会社としては、従業員をうまく説得して、この方法を採り入れたいものです。

¥ 簡易課税の落とし穴

中小企業の消費税では、大きな注意点があります。それは簡易課税です。

年間売上が5千万円以下の事業者には、簡易課税という計算方法が認められています。

簡易課税というのは、支払った消費税をいちいち計算せずに、「みなし仕入れ率」というものを使って、消費税の額を簡単に計算できるものです。

たとえば、3千万円の売上がある小売業者の場合。簡易課税を使えば、小売業者の「みなし仕入れ率」は80％なので、3千万円の80％が仕入れとみなされます。つまり、「仕入は2千4百万円」と、自動的に決められるわけです。

だから、売上3千万円のときの預かり消費税は240万円、仕入れ2千4百万円の支払い消費税は192万円なので、「差し引き48万円を納付すればいい」のです。

みなし仕入れ率というのは、業種によって次のように決められています。

- 卸売業　90％
- 小売業　80％
- 製造、建設業　70％
- その他の事業（飲食店など）　60％
- 不動産、サービス業　50％

「簡易課税」は計算も簡単で、けっこう有利にできている、そのため、売上が5千万円以下ならば、あまり考えずに簡易課税を選択している場合も多いようです。

しかし、**必ずしも簡易課税が有利とは限りません。**たとえば、小売業者が、薄利多売で仕入れ値に10％程度の利益をつけて売っているような場合は、仕入率は80％を超えることもあります。

そういう場合は、簡易課税を選択するよりも、普通の方法で処理したほうが消費税は安くつくのです。**簡易課税は、一度選択すれば2年間は変更できません。**

だから、簡易課税が得になるかどうか、事前にしっかり確認しなければなりません。

コラム

消費税を永遠に払わない裏ワザ

前々年の売上が1千万円以下の事業者は、消費税を払わなくてもいいことになっています。

しかし、事業を始めたばかりの企業は、年間売上がいくらなのかはわかりません。そういう場合はどうなるかというと、2年間は消費税が免除されるのです。

つまり、**開業してから2年以内の事業者は消費税を納めなくていいのです。ただし、資本金1千万円以上の会社ははじめから消費税を払わなくてはなりません。**

この制度を応用すれば、消費税を永遠に払わずにすむことができます。

実は、消費税では、同じ事業であっても、法人と個人はまったく別物として扱われます。

たとえば、毎年3千万円の売上がある個人事業者が、会社をつくったとします。この会社は、はじめから消費税を払わなければならないかというと、そうではありません。

個人事業者のときに売上が3千万円あったとしても、会社にすれば、それはまったく換算されないのです。だから、この個人事業者は、会社をつくって2年間は消費税を払わなくていいことになります。

個人事業者と会社の違いは、登記をしているかどうかだけです。それでも、消費税の上では、両者はまったく別物として扱われます。

だから、事業を始める場合、**はじめは個人事業者で行い、2年後に資本金1千万円未満の法人をつくれば、4年間は、消費税を免除されることになるのです。**そして、その次の2年間は個人事業者に戻すことをずっと繰り返せば消費税は永遠に払わなくてすみます。

ただ、実際にそこまでやれば「この事業者は課税を逃れるためだけに、個人事業と会社を使い分けている」と、税務署から指摘され課税されるおそれがあります（組織変更に業務上の合理的な理由があれば認められます）。

さらに平成25年1月以降からは、前年の前半の売上が1千万円以上の事業者は、課税業者になってしまうことになったので、だいたい年間2千万円以上の事業者はこの手段は使えなくなりました。

第7章のまとめ

✔給与の払い方を変えれば消費税も安くできる

✔福利厚生を多様にしても効果がある

✔簡易課税が有利なわけではない

あとがきに代えて ～期末に240万円の利益を一気に減らす方法

●一番簡単で、一番効果のある、究極の節税方法

本書では、会社の税金を極限まで安くする方法を紹介してきました。税金というのは、いろいろ面倒くさくて、わかりにくくて、経営者や経理のみなさんを散々悩ませているものだと思われます。

そして、みなさんが一番知りたいのは、すぐに簡単にできる効果的な節税策でしょう。そのため、本書でさまざまな節税テクニックを紹介してきましたが、最後に、一番簡単で、一番効果がある最強の節税方法を改めて紹介したいと思います。

「中小企業にとって、もっとも都合のいい節税方法はなんですか？」と聞かれた場合、私は迷わずに「経営セーフティ共済（中小企業倒産防止共済）」だと答えます。私も一応、経営者ですが、34ページで紹介したこの節税方法を使っています。

経営セーフティ共済は、いろいろなところで紹介されていますので、すでに知っている人も多いと思われます。ただ、この経営セーフティ共済の本当の威力は、あまりよく理解

されていないらしく、これを活用している経営者は、まだまだ少ないように思われます。
経営セーフティ共済にどれほどの威力があるかというと、「期末ギリギリであっても、会社の利益を最高240万円も減らすことができる」ということです。しかも、この240万円は、会社にとって〝出ていく金〟ではなく、蓄積される金なのです。つまり、一銭も無駄金を使うことなく、利益を240万円も減らすことができるのです。

中小企業にとって、240万円の利益を一気に、それも期末に減らせるというのは、非常にありがたいことではないでしょうか？

ほかにこんな効率的な節税方法は、ありません。

夢のような節税方法だといえます。

だから、筆者はあえて、既知の人も多いこの経営セーフティ共済を、本書の最後で改めて紹介するのです。
もし、あなたが「今期はちょっと利益が多かったので、税金がこわい」と思っているような経営者、経理担当者であれば、まず、この経営セーフティ共済を導入してみてください。必ずや、あなたの会社に大きなメリットをもたらすはずです。

●夢の節税方法「経営セーフティ共済」とは？

それでは、「経営セーフティ共済とは、具体的にはどんなものなのか、どうすれば導入できるのか」を説明しましょう。

「経営セーフティ共済」は、取引先に不測の事態が起きたときの資金手当てをしてくれる共済です。

簡単にいえば、毎月いくらかのお金を積み立てておいて、もし取引先が倒産とか不渡りを出して、被害を被った場合に、積み立てたお金の10倍まで無利子で借りることができる制度です。

この制度のどこが節税になるかというと、掛け金の全額が損金に計上できるところです。

掛け金の最高額は年240万円なので、年間240万円の利益を一気に減らすことができるのです。

そして、この240万円というのは、掛け捨てではありません。40か月以上加入していれば、不測の事態が起こらなかった場合には、積み立てた金を全額解約金として返してもらうこともできます。ただし、40か月未満の加入者は、若干返還率が悪くなります。

しかも、「経営セーフティ共済」は1年間の前払いもでき、前払いの全額が支払った期の損金に計上できます。ですから、期末になって240万円くらいの利益を急に減らしたいというときには、うってつけの節税アイテムだといえます。

もっともいい節税策というのは、「経費をたくさん計上できて、しかもそれを資産として蓄積できること」といえます。経費を増やせば、税金が減るのは当たり前です。しかし、経費を増やせても、税金以上に会社の資産が減っていっては意味がありません。

「経費を増やすことができて、しかも資産も減らさない」というものを見つけることができれば、それがもっともいい節税策なわけです。経営セーフティ共済は、その条件にジャストミートするわけです。

とくに忙しい経営者のみなさんや、日ごろ節税策をあまり講じてこなかった会社などには、最適の節税方法だといえます。

●経営セーフティ共済は資金面でも役に立つ

経営セーフティ共済は、節税面以外でもメリットは多々あります。

たとえば、**積立金の95％までは、不測の事態が起こらなくても借り入れることができます。**この場合は利子がつきますが、それでも0・9％という低率です（2013年3月現在）。ですので、運転資金が足りないときには、この積立金を借りることができます。

つまり、経営セーフティ共済というのは、倒産防止保険がついた預金のようなものですね。金融商品として見ても、非常に有利なものといえます。儲かったときに、経営セーフティ共済にお金をプールしておけば、税金も取られないし、資金繰りにも役に立つのです。経営セーフティ共済は、国が全額出資している独立行政法人「中小企業基盤整備機構」が運営しており、ほぼ官製の共済なのです。だから、**この機関はつぶれる心配もありません。**

経営セーフティ共済は、掛け金の額を5千円から20万円まで自分で設定できます。最高額の掛け金にすれば、削減できる利益は「240万円」となります。そして、掛け金の総額が800万円に達するまで掛け続けることができます。つまり、会社の利益を、毎年240万円まで、総額800万円まではプールしておくことができるということです。

また、**掛け金は途中で増減することもできます。**

ですから、初めの掛け金は、節税のために最高額にしておいて景気が悪くなったら減額する、という手も使えます（減額するには若干の手続きが必要となります）。

筆者はいたるところで、この経営セーフティ共済がいい節税方法であることを宣伝していますが、もちろん、広告宣伝費をもらっているようなわけではありません（経営セーフティ共済は公的機関なので、そんなことはできません）。先ほど説明したように、筆者もこの経営セーフティ共済に加入しています。**自分がやってみて一番いい節税方法だから、**

勧めているのです。

加入手続きも非常に簡単なので、２４０万円程度の利益（所得）を減らしたいというような場合には、うってつけの節税策といえるでしょう。

●中小企業倒産防止共済制度の概要

加入資格

・1年以上事業を行っている企業
・従業員300人以下または資本金3億円以下の製造業、建設業、運輸業その他の業種の会社及び個人
・従業員100人以下または資本金1億円以下の卸売業の会社および個人
・従業員100人以下または資本金5000万円以下のサービス業の会社および個人
・従業員50人以下または資本金5000万円以下の小売業の会社および個人
・ほかに企業組合、協業組合など

掛金

・毎月の掛金は、5000円から20万円までの範囲内（5000円単位）で自由に選択できる
・加入後、増・減額ができる（ただし、減額する場合は一定の要件が必要）

・掛金は、総額が８００万円になるまで積み立てることができる
・掛金は、税法上損金（法人）または必要経費（個人）に算入できる

貸付となる条件

・加入後６か月以上経過して、取引先事業者が倒産し、売掛金債権等について回収が困難となった場合

貸付金額

・掛金総額の10倍に相当する額か、回収が困難となった売掛金債権等の額のいずれか少ない額（一共済契約者当たりの貸付残高が８０００万円を超えない範囲）

貸付期間

・５年（据置期間６か月を含む）の毎月均等償還

貸付条件

・無担保・無保証人・無利子（ただし、貸付けを受けた共済金の貸付額の１／10に相当

する額は、掛金総額から控除される）

一時貸付金の貸付け

・加入者は取引先事業者に倒産の事態が生じない場合でも、解約手当金の95％を限度額で臨時に必要な事業資金の貸付けが受けられる

加入の申込先、問い合わせ先

・金融機関の本支店・商工会連合会・市町村の商工会・商工会議所・中小企業団体中央会など

索　引

大村大次郎（おおむら　おおじろう）
元国税調査官。国税局に10年間、おもに法人税担当調査官として勤務し、退職後、ビジネス関連を中心としたフリーライターとなる。
単行本執筆、雑誌寄稿、ラジオ出演、フジテレビ「マルサ!!」、テレビ朝日「ナサケの女」の監修等。著書に『悪の会計学』（双葉社）、『あらゆる領収書は経費で落とせる』（中央公論新社）等がある。

ほんの"ちょっと"の知識《ちしき》と手間《てま》で劇的《げきてき》に変《か》わる
会社《かいしゃ》の税金《ぜいきん》を極限《きょくげん》まで安《やす》くする方法《ほうほう》

2013年５月１日　初版発行
2020年３月20日　第11刷発行

著　者　大村大次郎
発行者　杉本淳一

発行所　株式会社日本実業出版社　東京都新宿区市谷本村町３－29　〒162-0845
大阪市北区西天満６－８－１　〒530-0047
編集部　☎03-3268-5651
営業部　☎03-3268-5161　振　替　00170-1-25349
https://www.njg.co.jp/

印刷／壮光舎　　製本／若林製本

ISBN 978-4-534-05069-4　Printed in JAPAN